DIRE STRAITS

The
LITTLE BLACK
SONGBOOK

DIRE
STRAITS
&
MARK
KNOPFLE

Published by
Wise Publications
14-15 Berners Street, London W1T 3LJ, UK.
Exclusive distributors:
Music Sales Limited
Distribution Centre,
Newmarket Road, Bury St Edmunds, Suffolk, IP33 3YB, UK.
Music Sales Pty Limited
20 Resolution Drive, Caringbah, NSW 2229, Australia.

Order No. DG70961
ISBN 978-1-84938-412-4

Music arranged by Matt Cowe and Tom Fleming.
Music processed by Paul Ewers Music Design.
Edited by Tom Farncombe.

Printed in the EU.

www.musicsales.com

Wise Publications
part of The Music Sales Group
London / New York / Paris / Sydney / Copenhagen / Berlin / Madrid / Hong K

MARK KNOPFLER

ANGEL OF MERCY

WORDS & MUSIC BY MARK KNOPFLER

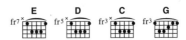

Verse 1

N.C.   E   D   C
Well there's a Peter Pan moon,   shepherd's delight

          E   D   C
I got the dragon at noon, yes and I won the fight

           E   D   C   D
Now I want my re - ward in heaven tonight, just like you promised

E   D   C
Angel of mercy you'll come to no harm

E   D   C
   Angel of mercy, there's no need for alarm

     E   D   C
The knight in his armour wants a night in your arms

           D
You know he's honest

Chorus 1

C   G   D   G
Angel of mercy, an - gel delight, give me my reward in heaven tonight

          C   G
And if I give up my sword, won't you give me the right

        D
Sweet angel

Verse 2

(D)   E   D   C
    Well now it's too late for talkin', we can talk later on

         E   D   C
Let the saxophone play us till the chorus of dawn

      E   D   C   D
All I need is a little o - blivion, you don't need pro - tection

         E   D   C
Well now here come the moonlight down on your bed

E   D   C
Angel of mercy let your heart rule your head

        E   D   C
I don't want your money, I want you instead

             D
Don't need re - jection yeah

Chorus 2

C   G   D   G
Angel of mercy, an - gel delight, give me my reward in heaven tonight
              C   G
And if I give up my sword, won't you give me the right
D   G
Angel of mercy, give me heaven tonight

Bridge

              D
Well if you cross your heart

                                      G
And spit and swear upon the grave of your mother
           D   C   D
You gotta   get into it, you gotta tell me that I'm more than a lover

Solo

| E D | C | E D | C |

| E D | C | D | D   ‖

Chorus 3   As Chorus 2

Interlude ‖: C | G | D | G   :‖ *Play 6 times*

Chorus 4

             C   G
‖: Yeah angel of mercy, angel delight
    D   G
A-give me my reward in heaven tonight
           C   G
And if I give up my sword, won't you give me the right
D   G
Angel of mercy, give me heaven tonight :‖

Outro ‖: C | G | D | G |

        | C | G | D | G   :‖ *Play 4 times to fade*

BROTHERS IN ARMS

WORDS & MUSIC BY MARK KNOPFLER

| G#m | E | C#m | F# | B | Bsus4 | D#m | F#sus4 |

Intro **Keyboards and effects**

| G#m E | C#m E | G#m E | C#m | |

| G#m E | C#m E F# | G#m E | C#m | G#m | ‖

Verse 1

        (F#)   E   F#
These mist-covered mountains
                 B Bsus4 B
Are a home now for me
      D#m   G#m   D#m
But my home is the lowlands
                 E   F#sus4
And always will be
        F#   G#m D#m
Some day you'll return to
                   E   C#m F#sus4
Your valleys and your farms
          F#   G#m
And you'll no longer burn
        E   F#sus4   F#
To be brothers in arms

Link | G#m E | C#m E | G#m E | C#m | G#m | ‖

Verse 2

           (F♯)   **E**   **F♯**
Through these fields of des - truction

     B **Bsus4** **B**
Baptisms of fire

   D♯m   **G♯m**   **D♯m**
I've watched all your suffering

                E   **F♯sus4**
As the battles raged higher

     F♯   **G♯m**   **D♯m**
And though they did hurt me so bad

             E   **C♯m** **F♯sus4**
In the fear and a - larm

     F♯   **G♯m**
You did not de - sert me

     E   **F♯sus4** **F♯**
My brothers in arms

Link | **G♯m E** | **C♯m E** | **G♯m E** | **C♯m** | **G♯m**   ‖

Middle

G♯m   **F♯**   **G♯m**
  There's so many different worlds

F♯ **B**   **E**   **F♯sus4**
  So many different suns

    F♯   **G♯m**
And we have just one world

F♯   **B**   **E**
  But we live in different ones

Solo 1 | **G♯m E** | **C♯m E** | **G♯m E** | **C♯m** |

           | **G♯m E** | **C♯m E F♯**| **G♯m E** | **C♯m** | **G♯m**   ‖

7

Verse 3

       F♯   **E**   **F♯**
Now the sun's gone to hell

              B   **Bsus⁴** **B**
And the moon's riding high

   D♯m   **G♯m D♯m**
Let me bid you farewell

               E   **F♯sus⁴**
Every man has to die

   F♯   **G♯m D♯m**
But it's written in the star - light

            E   **C♯m** **F♯sus⁴**
And every line on your palm

   F♯   **G♯m**
We're fools to make war

   E   **F♯sus⁴ F♯**
On our brothers in arms

Solo 2

‖: G♯m E | C♯m E | G♯m E | C♯m |

| G♯m E | C♯m E F♯| G♯m E | C♯m :‖ *Play 4 times then fade*

THE BUG

Words & Music by Mark Knopfler

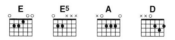

Intro | E | E |

| E5 | E5 | E5 | E5   ‖

Verse 1

E5
Well it's a strange old game – you learn it slow

One step forward and it's back to go

You're standing on the throttle

You're standing on the brakes

In the groove 'til you make a mistake

Chorus 1

E
  Sometimes you're the windshield
            A
Sometimes you're the bug
E
  Sometimes it all comes together baby
            D   A
Sometimes you're a fool in love
E
  Sometimes you're the Louisville slugger
            A
Sometimes you're the ball
E
  Sometimes it all comes together baby
            D   A
Sometimes you're going to lose it all

| *Link 1* | | E5 | | E5 | | E5 | | E5 D A ‖ |

Verse 2
E5
You gotta know happy – you gotta know glad

Because you're gonna know lonely

And you're gonna know bad

When you're rippin' and a ridin'

And you're coming on strong

You start slippin' and a slidin'

And it all goes wrong, because

Chorus 2   As Chorus 1

| *Link 2* | ‖: E5 | | E5 | | E5 | | E5 D A :‖ |

Verse 3
E5
    One day you got the glory

Then you got none

One day you're a diamond

And then you're a stone

Everything can change

In the blink of an eye

So let the good times roll

Before we say goodbye, because

Chorus 3   ‖: **E**
Sometimes you're the windshield

A
Sometimes you're the bug

E
Sometimes it all comes together baby

D   **A**
Sometimes you're a fool in love

E
Sometimes you're the Louisville slugger baby

A
Sometimes you're the ball

E
Sometimes it all comes together baby

D   **A**
Sometimes you're going to lose it all :‖

Outro   ‖: **E5** | **E5** | **E5** | **E5** **D A** :‖ *Play 5 times*

CALLING ELVIS

WORDS & MUSIC BY MARK KNOPFLER

B   **E7**   **F#**

Intro   ‖: B | B | B | B   :‖

Chorus 1

    B
Calling Elvis – is anybody home

Calling Elvis – I'm here all alone

Did he leave the building

Or can he come to the phone

Calling Elvis – I'm here all alone

Verse 1

        E7
Well tell him I was calling just to wish him well

Let me leave my number – heartbreak hotel

Oh love me tender – baby don't be cruel

        F#
Return to sender – treat me like a fool

Chorus 2

    B
Calling Elvis – is anybody home

Calling Elvis – I'm here all alone

Did he leave the building

Can he come to the phone

Calling Elvis – I'm here all alone

| *Solo 1* | ‖: B | B | B | B | :‖ |

B
Chorus 3 Why don't you go get him – I'm his biggest fan

You gotta tell him – he's still the man

Long distance baby – so far from home

Don't you think maybe you could put him on

E7
Verse 2 Well tell him I was calling just to wish him well

Let me leave my number – heartbreak hotel

Oh love me tender – baby don't be cruel

F♯
Return to sender – treat me like a fool

B
Chorus 4 Calling Elvis – is anybody home

Calling Elvis – I'm here all alone

Did he leave the building

Can he come to the phone

Calling Elvis – I'm here all alone

| *Solo 2* | | N.C. | | N.C. | | |
| | ‖: B | B | B | B | :‖ *Play 3 times* |

Chorus 5 As Chorus 4

| *Coda* | ‖: B | B | B | B | :‖ *Repeat to fade* |

COMMUNIQUÉ

Words & Music by Mark Knopfler

A5   Bm   G   A   D/F♯   Em

Intro ‖: **A5** | **A5** | **A5** | **A5** :‖ *Play 4 times*

Verse 1
       Bm   **G**   **A**   **Bm** **G**
We wanna get a statement   for Jesus' sake

                        A
It's like a talking to the wall

   Bm   **G**
He's incommuni - cado

   A   **Bm A G**
No comment to make

                  A
He's saying nothing at all

Chorus 1

  (A)   **G**   **D/F♯**
Yeah but in the communi - qué

            Em   **D/F♯**
You know he's gonna come clean

G   **D/F♯**
Think what he say

Em   **D/F♯**
Say what he means

G   **D/F♯**   **Em**   **D/F♯**
Maybe on a Monday he got something to say

G   **Bm**
  Communica - tion

A   **Bm**
  Communi - qué

    (A5)
Communi - qué

Link 1

‖: **A5** | **A5** | **A5** | **A5** :‖

Verse 2

Bm　　　　　　**G**　　　　　　**A**　　　　　**Bm**
Maybe he could talk about the tricks of the trade
G　　　　　　　　　　　**A**
Maybe he can talk about him - self
Bm　　　　　　　**G**　　　　　**A**　　　　　**Bm**　**A**
Maybe he could talk about the money that he made
　　　　G　　　　　　　　　　**A**
May - be he be saying something else

Chorus 2

(A)　　　**G**　　　**D/F♯**　　　　　**Em**　　　**D/F♯**
But in the communi - qué you know he's gonna come clean
G　　　　　**D/F♯**
Think what he say
Em　　　**D/F♯**
Say what he means
G　　　**D/F♯**　　　　**Em**　　　　**D/F♯**
Maybe on a Monday he got something to say
G　　　　　　**Bm**
　Communica - tion
A　　　　　**Bm**
　Communi - qué
　　　　　(A5)
Communi - qué

Link 2

‖: **A5** | **A5** | **A5** | **A5** :‖

Bridge

A5
Well now the rumours are flying

Speculation rife

They say that he's been trying someone else's wife

Somebody at the airport

Somebody on the phone

Says he's at the station and he's coming home alone

15

Verse 3

   Bm   **G**
Then we get the story

    A   **Bm**
The serious piece

   G   **A**
And a photograph a taken in the hall

    Bm   **G**   **A**   **Bm**
And you don't have to worry with the previous re - lease

A   **G**   **A**
Right now   he's saying nothing at all

Chorus 3

(A)   **G**   **D/F♯**   **Em**   **D/F♯**
But in the communi - qué you know he's gonna come clean

G   **D/F♯**
Think what he say

Em   **D/F♯**
Say what he mean

G   **D/F♯**   **Em**   **D/F♯**
Maybe on a Monday he'll have something to say

G   **Bm**
Communica - tion

A   **Bm**
  Communi - qué

     (A5)
Communi - qué

Outro   ‖: **A5** | **A5** | **A5** | **A5** :‖ *Play 16 times to fade*

EASTBOUND TRAIN

Words & Music by Mark Knopfler

F   B♭   C   E♭9

Intro   ‖: F | F | B♭ F | C   :‖   *Play 4 times*

| F | F | F | F   ‖

Verse 1

F
New Cross station I was going on home

Saw you get your ticket standing on your own

Here come the train about 02:44

I couldn't get a smoker you took another car

E♭9
At the end of the line we both had to change

F
And you're standing right behind me I'm a feeling kinda strange

Link 1 | F | F | F | F   ‖

Verse 2

F
We got to Mile End Road my heart skipped a beat

Standing right behind me I'm a shakin' in my seat

Three to four minutes and the train comes through

I'm ridin' on the Central I'm a-lookin' at you

Chorus 1

B♭
　　Woman on the eastbound train
F
Sometimes I wanna see you again
E♭9　　B♭
Yeah, yeah
　　　F
Be my friend

Link 2　　| F　　　| F　　　| F　　　| F　　　‖

Verse 3

F
I couldn't read my paper you couldn't read your book

Kept on taking me another look

You got off the train you never looked behind

I can't get you out of my mind

Chorus 2　　As Chorus 1

Instr.

‖: F　　　| F　　　| B♭　F　| C　　:‖　*Play 3 times*

‖: F　　　| F　　　| F　　　| F　　　|

| B♭　　| B♭　　| B♭　　| B♭　:‖

| C　　　| C　　　| C　　　| C　　　|

| F　　　| F　　　| F　　　‖

Verse 4
F
Well I got one more thing I wanna say before I go

If you get the message on the radio

You can write me a letter, get in touch with me

You can always leave your number with the company

Chorus 3
B♭
Woman on the eastbound train
F
Sometimes I wanna see you again
E♭**9**   **B**♭
Yeah, yeah
      F
Be my friend   *To fade*

DOWN TO THE WATERLINE

Words & Music by Mark Knopfler

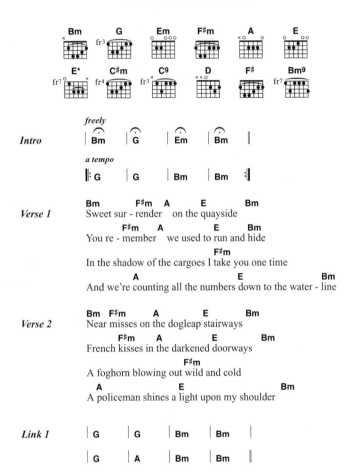

Intro

freely

| Bm | G | Em | Bm ‖

a tempo

‖: G | G | Bm | Bm :‖

Verse 1

Bm   F♯m   A   E   Bm
Sweet sur - render   on the quayside

      F♯m   A   E   Bm
You re - member   we used to run and hide

                     F♯m
In the shadow of the cargoes I take you one time

        A   E   Bm
And we're counting all the numbers down to the water - line

Verse 2

Bm F♯m   A   E   Bm
Near misses on the dogleap stairways

      F♯m   A   E   Bm
French kisses in the darkened doorways

                 F♯m
A foghorn blowing out wild and cold

  A   E   Bm
A policeman shines a light upon my shoulder

Link 1

| G | G | Bm | Bm |

| G | A | Bm | Bm ‖

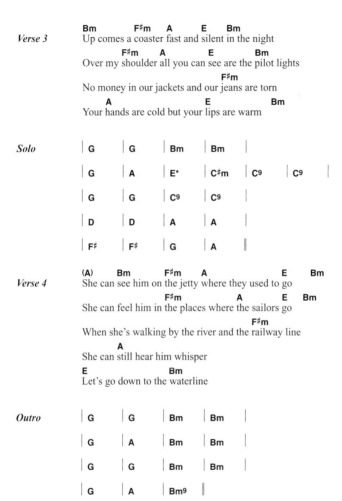

Verse 3

   Bm   F#m   A   E   Bm
Up comes a coaster fast and silent in the night

             F#m   A   E   Bm
Over my shoulder all you can see are the pilot lights

                                F#m
No money in our jackets and our jeans are torn

     A   E   Bm
Your hands are cold but your lips are warm

Solo

| G | G | Bm | Bm |

| G | A | E* | C#m | C9 | C9 |

| G | G | C9 | C9 |

| D | D | A | A |

| F# | F# | G | A |

Verse 4

(A)   Bm   F#m   A   E   Bm
She can see him on the jetty where they used to go

                   F#m   A   E   Bm
She can feel him in the places where the sailors go

                            F#m
When she's walking by the river and the railway line

      A
She can still hear him whisper

E   Bm
Let's go down to the waterline

Outro

| G | G | Bm | Bm |

| G | A | Bm | Bm |

| G | G | Bm | Bm |

| G | A | Bm9 |

EXPRESSO LOVE

WORDS & MUSIC BY MARK KNOPFLER

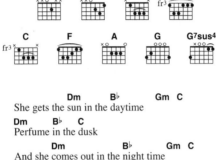

Verse 1

        Dm   **B♭**   **Gm** **C**
She gets the sun in the daytime

Dm   **B♭**   **C**
Perfume in the dusk

      Dm   **B♭**   **Gm** **C**
And she comes out in the night time

     Dm   **B♭**   **C**
With the honeysuckle musk

        Dm   **B♭**   **Gm** **C**
Because she smells just like a rose

      Dm   **B♭**   **C**
And she tastes just like a peach

Dm   **B♭**   **Gm**   **C**
  She got me walking where the wildlife goes

Dm **B♭**   **C**
    I'd do anything to reach her

Chorus 1

F
    And she was made in heaven

C B♭   C
    Heaven's in the world

F
    She was made in heaven

C B♭
    Heaven's in the world

A   B♭
  Is this just expresso love

           G
You know I'm   crazy for the girl

        G7sus4
(Just-a   crazy for the girl)

Verse 2

Dm B♭   Gm   C
      She call me just to talk

      Dm   B♭   C
She's my lover she's a friend of mine

       Dm B♭   Gm   C
She says hey   mister do you wanna take a walk

      Dm   B♭ C
In the wild west end   sometime

        Dm   B♭   Gm
And I get trouble with my breathing

C   Dm   B♭   C
  She says boys don't know anything

    Dm   B♭   Gm   C
But I know what I want,   (I wan - na tease her)

Dm B♭ C   F
         I want every - thing

Chorus 2   As Chorus 1

Middle

A
    Well I feel so good cos I feel so good

    F
And I feel so good cos it feels so right

C
  I was made to go with my girl

        B♭   C
Just like a saxophone was made to go with the night

‖: Dm B♭ | Gm C | Dm B♭ | C :‖ *Play 4 times*

                              Dm   B♭   Gm C
Verse 3   And she can raise one eyebrow
                      Dm   B♭   C
             Put her hand on my hip
                      Dm   B♭   Gm C
             And I close one eye now
             Dm   B♭   C
             Sweat on her lip

                          Dm   B♭   Gm
             And I sur - render to the fever
             C   Dm   B♭   C
              I sur - render to the will of the night
                  Dm   B♭   Gm   C
             She love me so tender I got to believe her
             Dm   B♭   C
             Love? Expresso love's alright

             F
Chorus 3   Cos she was made in heaven

             C B♭   C
                Heaven's in the world
             F
             Oh she was made in heaven

             C B♭
                Heaven's in the world

             A   B♭
                Is this expresso love

                          G
             You know I'm   crazy for the girl

                      G7sus4
             (Just-a crazy for the girl)

Link ‖: Dm B♭ │ Gm C │ Dm B♭ │ C   :‖

Coda
      Dm   **B♭**   **Gm C**
I don't want no sugar in it

Dm   **B♭**   **C**
Thank you very much

Dm   **B♭**   **Gm**   **C**
All wired up on it, all fired up on it

Dm   B♭   **C**
  Expresso touch

Link ‖: Dm B♭ │ Gm C │ Dm B♭ │ C   :‖

Outro
Dm   **B♭ Gm C**   **Dm**   **B♭**   **C**
Hey, maestro,   expresso now

Dm   **B♭** **Gm C**   **Dm**   **B♭** **C**
Hey, maestro   she said expresso

       Dm   **B♭ Gm C**   **Dm**   **B♭**
Is this a - nother one   just like the other one

       Dm   **B♭** **Gm**
It's just a - nother one

C   **Dm**   **B♭**   **C**
  Just like the other, other one   *To fade*

FADE TO BLACK

Words & Music by Mark Knopfler

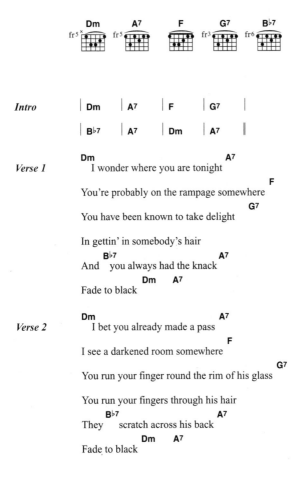

Intro | Dm | A7 | F | G7 |

| B♭7 | A7 | Dm | A7 ‖

Verse 1

Dm   A7
   I wonder where you are tonight

                                              F
You're probably on the rampage somewhere

                                    G7
You have been known to take delight

In gettin' in somebody's hair

      B♭7   A7
And   you always had the knack

                  Dm   A7
Fade to black

Verse 2

Dm   A7
   I bet you already made a pass

                                    F
I see a darkened room somewhere

                                              G7
You run your finger round the rim of his glass

You run your fingers through his hair

      B♭7   A7
They   scratch across his back

                  Dm   A7
Fade to black

| *Guitar solo* | | Dm | A7 | F | G7 | |
| | | Bb7 | A7 | Dm | A7 | ‖ |

Verse 3

Dm   A7
 Well maybe it's all for the best

              F
But I wish I'd never been lassooed

         G7
Maybe it's some kind of test

But I wish I'd never been tattooed
 Bb7   A7
Or been to hell and back
   Dm   A7
Fade to black

| **Pedal steel solo** | Dm | A7 | F | G7 | |
| | Bb7 | A7 | Dm | A7 | ‖ |

| *Guitar solo* | Dm | A7 | F | G7 | |
| | Bb7 | A7 | Dm | A7 | Dm | ‖ |

FOLLOW ME HOME

Words & Music by Mark Knopfler

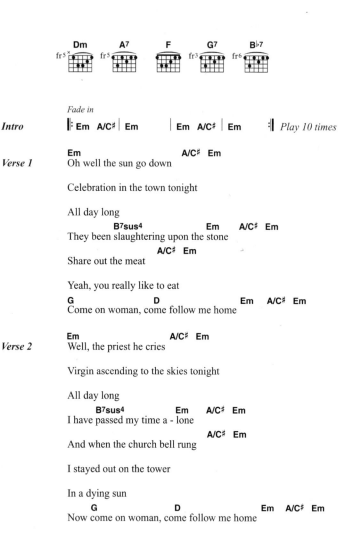

Dm **A7** **F** **G7** **B♭7**

Fade in

Intro ‖: Em A/C♯ | Em | Em A/C♯ | Em   :‖ *Play 10 times*

Verse 1
    Em   **A/C♯ Em**
Oh well the sun go down

Celebration in the town tonight

All day long
        B7sus4   **Em** **A/C♯ Em**
They been slaughtering upon the stone
                A/C♯ Em
Share out the meat

Yeah, you really like to eat
G   **D**   **Em** **A/C♯ Em**
Come on woman, come follow me home

Verse 2
    Em   **A/C♯ Em**
Well, the priest he cries

Virgin ascending to the skies tonight

All day long
        B7sus4   **Em** **A/C♯ Em**
I have passed my time a - lone
                A/C♯ Em
And when the church bell rung

I stayed out on the tower

In a dying sun
    G   **D**   **Em** **A/C♯ Em**
Now come on woman, come follow me home

Solo		Em		Em	A/C#	Em		Em		
		Em		B7sus4		Em	A/C#	Em		
		Em		Em	A/C#	Em		Em		
		G		D		Em		Em		

Verse 3

Em
Well I don't need no priest
A/C# Em
But I love all of the people

Yes, I share the feast

B7sus4
So drink up my wine

Em   A/C#   Em
Yes and the song in my bones

I know the way

A/C# Em
I can see by the moonlight

Clear as the day

G   D   Em   A/C#   Em
Now come on woman, come follow me home

Outro   ‖: Em   A/C# | Em | Em   A/C# | Em   :‖ *Play 8 times to fade*

HEAVY FUEL

WORDS & MUSIC BY MARK KNOPFLER

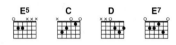

E5   C   D   E7

Intro   ‖: E5 | E5 | E5 | E5 :‖   *Play 4 times*

Verse 1

E5
Last time I was sober, man I felt bad

Worst hangover that I ever had

It took six hamburgers and scotch all night

Nicotine for breakfast just to put me right

Chorus 1

           C
'Cos if you wanna run cool

     D
If you wanna run cool

     C   D
If you wanna run cool, you got to run

   E5
On heavy, heavy fuel

C
Heavy, heavy fuel

D
Heavy, heavy fuel

Link 1   ‖: E5 | E5 | E5 | E5 :‖

Verse 2

E5
My life makes perfect sense

Lust and food and violence

Sex and money are my major kicks

Get me in a fight I like the dirty tricks

Chorus 2	As Chorus 1

E5

Middle
My chick loves a man who's strong

The things she'll do to turn me on
E7
  I love the babes, don't get me wrong

Hey, that's why I wrote this song

Link 2   ‖: E5 | E5 | E5 | E5   :‖   *Play 3 times*

E5

Verse 3
I don't care if my liver is hanging by a thread

Don't care if my doctor says I ought to be dead

When my ugly big car won't climb this hill

I'll write a suicide note on a hundred dollar bill

Chorus 3   As Chorus 1

Link 3 | E5 | E5   ‖
C
Heavy, heavy fuel
D   E5 | E5   ‖
Heavy, heavy fuel

Coda   ‖: E5 | E5 | E5 | E5   :‖

      ‖: E5 | E5 | E5 | E5 |
     Heavy, heavy fuel

      | E5 | E5 | E5 | E5   :‖ *Repeat to fade*

HOW LONG

Words & Music by Mark Knopfler

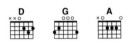

Intro   ‖: D | D | D | D :‖

Verse 1
D
How long, how long baby

How long has it been?

                                                    G
How long you gonna keep me wonder - ing
D
   How long before you see

                        G   A   D
Stallin' me was wrong –   how long

Verse 2
D
   How long, how long you gonna keep

Slappin' my hands away
D   G
How long you gonna keep my love at bay

   How long before you're sure

                    G   A   D
My love is strong –   how long

Solo | D | D | D | G |

   | D | D | G A | D   ‖

Verse 3

D
How long, how long you gonna keep

Tellin' me you like me fine

                                      G
How long until I'm gonna make you mine

D
 · How long before you wake up

      D   **G** **A**
And find a good man gone   –   how long

G   **A**   **D**
Gone – how long

G   **A**   **D**
Gone – how long

Solos   ‖: **D** | **D** | **D** | **G** |

               | **D** | **D** | **G A** | **D**   :‖ *Play 16 times to fade*

33

HAND IN HAND

WORDS & MUSIC BY MARK KNOPFLER

Cadd9   Asus4   Em   Am   C   G   F   D

Intro ‖: Cadd9 | Asus4 | Cadd9 | Asus4 :‖

Verse 1

Cadd9   Asus4
The sky is crying the streets are full of tears

Cadd9   Asus4
Rain come down wash away my fears

           Em
And all this writing on the wall

                    Am   C   G
Oh I can read between the lines

Cadd9   Asus4
Rain come down for - give this dirty town

Cadd9   Asus4
Rain come down and give this dirty town

          Em   Am   C
A drink of water a drink of   wine

Chorus 1

G   Am   F
If I been hard on you   I never chose to be

      Am   F
I ne - ver wanted no one else

G   Am   Em   Am   G
I tried my best to be some - body you'd be close to

F   G
Hand in hand like lovers are supposed to

Verse 2

(G)   **Cadd9**   **Asus4**
As you'd sleep I'd think my heart would break in two

         Cadd9   **Asus4**
I'd kiss your cheek I'd stop my - self from waking you

    Em
But in the dark you'd speak my name

          Am   **C** **G**
you'd say baby what's wrong?

    Cadd9   **Asus4**
Oh, here I am baby I'm coming back for more

      Cadd9   **Asus4**
I'm like a wave that's got to roll into the shore

    Em   **Am**   **C**
Yes and if my love's in vain, how come my love is so   strong?

Chorus 2

G   **Am**   **F**   **G**
If I been hard on you   I never chose to be

     Am   **F**
I ne - ver wanted no one else

G   **Am**   **Em**   **Am** **G**
I tried my best to be some - body you'd be close to

F   **G**
Hand in hand like lovers are supposed to

(G)   **D**
(Supposed to do)

Link 1 | **D** | **D** | **D** | **D**   ‖

Solo | **D** | **D** | **D** | **D** |

       | **C** | **F** | **F** | **G** |

       | **G** | **G** | **G**   ‖

Verse 3

Cadd9   Asus4
Now you and me go parallel to - gether and apart

  Cadd9   Asus4
And you keep your perfect distance, and it's tearing at my heart

    Em
Did you never feel the distance

        Am C G
You never tried to cross no line

    Cadd9   Asus4
Now it's an - other dirty river and an - other dirty scar

  Cadd9   Asus4
And I don't know who's kissing you and I don't know where you are

  Em   Am   C
So far from home don't you think of me sometime

Chorus 3

G Am   F
 If I been hard on you I never chose to be

G Am   F
 I ne - ver wanted no one else

G Am   Em   Am G
 I tried my best to be some - body you'd be close to

F   G   F C
Hand in hand like lovers are supposed to

Chorus 4 As Chorus 1

Link | G | G | G | G |

    | Cadd9 | Asus4 | Cadd9 | Asus4 ||

Verse 4

Cadd9   Asus4
 Sky is crying see the streets are full of tears

Cadd9   Asus4
 Rain coming down to wash away my fears

    Em
And all this writing on the wall

      Am
Oh I can read between the lines

IF I HAD YOU

Words & Music by Mark Knopfler

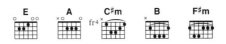

Intro
| E | E | E | E ‖

Chorus 1

E   A   E
Ooh, if I had you

         A
Yeah, the things that I could do

         E
Honey, if I had you

Verse 1

(E)   A   E
I could sing like an angel, fly just like a bird

A   E
   Sing you the best love song you ever heard

A   E
   I could be a poet like Mohammed Ali

A   C♯m
Float like a butterfly, sting just like a

        B   E
Just like a bee

Chorus 2

(E)   A   E
Mmm, ooh babe, if I had you

        A
Ah, the things that I could do

        E
If I had you

Verse 2

(E)   **A**   **E**
Now I'd go get your name tattooed on my chest

                 A   **E**
Well it'd just say my baby, my baby, she's the best

A   **E**
I could be your Superman, you could be my Lois Lane

A
I could be a Tarzan

                     C♯m   **B**   **E**
You could be my sweet   Jane if you wanted to

Chorus 3

(E)   **A**   **E**
Mmm,   if I had you

          A
Ah the things that I could do

   E
If I had you

Yeah, one more time

Chorus 4

E   **A**   **E**
Ooh,   if I had you, only had you

            A   **E**
Yeah, the things that I could do, oh boy

   E
If I had you

Bridge 1

N.C.   **E**   **A**
So come on dance with me baby

            E
Don't let me go

                  A
Yeah, dance with me baby

            E
Don't let me go

                 A   **E**
Baby don't let me,   don't let me

           B
Don't let me go, oh no

F♯m   **E**
   Don't let me, don't let me

          B
Don't let me go

               E
Don't let me go now

Bridge 2

N.C.   **E**   **A**
Come on dance with me baby

            E
Don't let me go

                         A
Yeah, dance with me baby

            E   **A**
Mmm, don't let me go

                 E
Baby don't let me

                    B
Baby don't a-let a-me go, oh, oh

F♯m   **E**
  Don't let me go

                 B
Baby don't let me go

                  E
Don't let me go now

Don't wanna go now

A   **E**
  Baby don't a-let me

                 B
Baby don't a-let me go

F♯m   **E**
  Baby don't a-let me

                 B
  Baby don't a-let me go

                 E
Baby don't let me go now

Outro

‖: **A**	**A**	**E**	**E**	
B	**B**	**B**	**B**	
F♯m	**F♯m**	**E**	**E**	
B	**B**	**E**	**E**	:‖ *Repeat to fade*

INDUSTRIAL DISEASE

WORDS & MUSIC BY MARK KNOPFLER

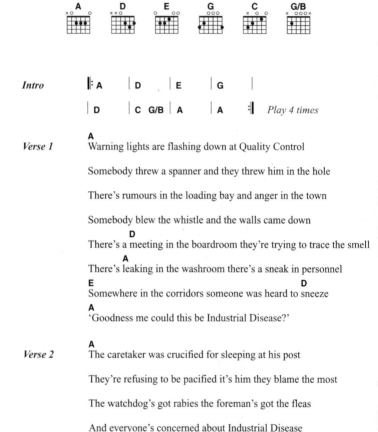

Intro

‖: A | D | E | G | |

| D | C G/B | A | A :‖ *Play 4 times*

Verse 1

A
Warning lights are flashing down at Quality Control

Somebody threw a spanner and they threw him in the hole

There's rumours in the loading bay and anger in the town

Somebody blew the whistle and the walls came down

      D
There's a meeting in the boardroom they're trying to trace the smell

   A
There's leaking in the washroom there's a sneak in personnel

E   **D**
Somewhere in the corridors someone was heard to sneeze

A
'Goodness me could this be Industrial Disease?'

Verse 2

A
The caretaker was crucified for sleeping at his post

They're refusing to be pacified it's him they blame the most

The watchdog's got rabies the foreman's got the fleas

And everyone's concerned about Industrial Disease

      D
There's panic on the switchboard tongues are in knots

cont.

A
Some come out in sympathy some come out in spots
E   **D**
Some blame the management some the employees
A
And everybody knows it's the Industrial Disease

Link 1

A	**D**	**E**	**G**	
D	**C G/B**	**A**	**A**	

Verse 3

A
Yeah the work force is disgusted downs tools and walks

Innocence is injured experience just talks

Everyone seeks damages and everyone agrees

That these are 'classic symptoms of a monetary squeeze'
D
On ITV and BBC they talk about the curse
A
Phi - losophy is useless theology is worse
E   **D**
History boils over there's an economics freeze
       A   **D** **E**   **G**
Socio - logists invent words that mean 'Industrial   Di - sease'

Link 2

D	**C G/B**	**A**	**A**	**A**	

Verse 3

N.C.
Doctor Parkinson declared 'I'm not surprised to see you here

You've got smokers cough from smoking brewer's droop from drinking beer

I don't know how you came to get the Bette Davis knees

But worst of all young man you've got Industrial Disease'
D
He wrote me a prescription he said 'You are depressed
A
But I'm glad you came to see me to get this off your chest

cont.
          E   **D**

Come back and see me later – next patient please

      A

Send in another victim of Industrial Disease'

Link 3 | **A** | **D** | **E** | **G** |

                | **D** | **C G/B** | **A** | **A**   ‖

Verse 4   **A**

I go down to Speaker's Corner I'm thunderstruck

They got free speech, tourists, police in trucks

Two men say they're Jesus one of them must be wrong

There's a protest singer singing a protest song – he says

    D

'They wanna have a war to keep us on our knees

    A

They wanna have a war to keep their factories

    E   **D**

They wanna have a war to stop us buying Japan - ese

    A

They wanna have a war to stop Industrial Disease

They're pointing out the enemy to keep you deaf and blind

They wanna sap your energy, incarcerate your mind

They give you Rule Brittania, gassy beer, page three

Two weeks in España and Sunday striptease'

    D

Meanwhile the first Jesus says 'I'd cure it soon

    A

A - bolish Monday mornings and Friday afternoons'

    E   **D**

The other one's out on hunger strike, he's dying by de - grees

    A

How come Jesus gets Industrial Disease

Outro ‖: A | D | E | G |

| D | C   G/B | A | A   :‖   *Play 3 times*

‖: A | D | E | G |

| D | C   G/B | A | A   :‖

‖: A | A | A | A   :‖   *Repeat ad lib. to fade*

IRON HAND

WORDS & MUSIC BY MARK KNOPFLER

Bm   A   Em   F♯m

Intro | Bm | Bm | Bm | Bm   ‖

Verse 1
Bm   A   Bm
With all the clari - ty of dream
            A   Bm
The sky so blue,   the grass so green
            A   Bm
The rank and file and the   navy blue
Em   A   F♯m   Bm
The deep and strong,   the straight and true

Verse 2
Bm   A   Bm
The blue line they got the given sign
              A   Bm
The belts and boots march forward in time
            A   Bm
The wood and leather,   the club and shield
Em   A   F♯m   Bm
Swept like a wave a - cross the battle - field

Verse 3
Bm   A   Bm
Now with all the clari - ty of dream
            A   Bm
The blood so red   the grass so green
            A   Bm
The gleam of spur on   chestnut flank
Em   A   F♯m
The cavalry did burst upon the ranks

Link 1 | Bm | Bm | Bm | Bm   A ‖

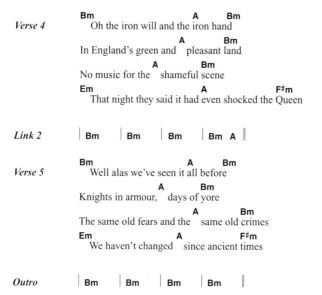

Verse 4

Bm   **A** **Bm**
 Oh the iron will and the iron hand

        A **Bm**
In England's green and pleasant land

     A   **Bm**
No music for the shameful scene

Em   **A**   **F♯m**
 That night they said it had even shocked the Queen

Link 2 | **Bm** | **Bm** | **Bm** | **Bm A** ‖

Verse 5

Bm   **A** **Bm**
 Well alas we've seen it all before

      A **Bm**
Knights in armour, days of yore

         A   **Bm**
The same old fears and the same old crimes

Em   **A**   **F♯m**
 We haven't changed since ancient times

Outro | **Bm** | **Bm** | **Bm** | **Bm** ‖

IT NEVER RAINS

WORDS & MUSIC BY MARK KNOPFLER

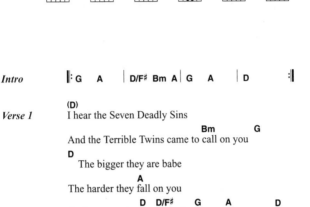

Intro ‖: G   A | D/F♯ Bm A | G   A | D   :‖

Verse 1

(D)
I hear the Seven Deadly Sins
                          Bm   **G**
And the Terrible Twins came to call on you
D
   The bigger they are babe
              A
The harder they fall on you
               D **D/F♯** **G**   **A**   **D**
And you, you're al - ways the same,   you perse - vere
      D/F♯   **G**   **Bm**
On the same old pleasure ground
      D/F♯ **G**   **A**
Oh, and it never rains around here
G **A**   **D**
   It just comes pour - ing down

Link 1 | G   A | D/F♯ Bm A | G   A | D   ‖

Verse 2

D
You had no more volunteers

                              Bm   **G**
So you got profiteers for to help you out

D
   With friends like that baby

                   A
Good friends you had to do without

                    D **D/F♯** **G**   **D**
And now they've ta - ken the chains and the gears

              D/F♯   **G**   **A** **Bm**
From off your merry-go-round

        D/F♯ **G**   **A**
Oh and it never rains around here

G **A**   **D**
   It just comes pouring down

Verse 3

D
   And your new Romeo

Bm   **G**
Was just a gigolo   when he let you down

D
   See the faster they are babe

                A
The faster they get out of town

          D   **D/F♯** **G** **A**   **D**
Leaving make up   stains   and the tears

       D/F♯   **G**
Of a clown

Bm   **D/F♯** **G**   **A**
  Yes, and it never rains around here

G **A**   **D**
   It just comes pouring down

```
             A          Em   G    A       Em  G
Oh, you were just a roller coaster memo - ry
A           Em        G    A                G  D
I don't know why I was even passing through
 A                Em   G   A     Bm  G
I saw you making a date with Desti - ny
         A                  Em   G    A      D  G
When he came around here asking after you
       A         Em          G         A  Em
In the shadow of the Wheel of Fortune
G    A          Em   G    A       G  D
You're busy trying to clear your name
     A        Em    G    A              Bm  G
You say 'I may be guilty yeah that may be true
           A       Em        G   A     D  G
But I'd be lying if I said I was to blame
     A         Em          G         A      Em  G
See we could have been major conten - ders
     A        Em       G       A  G
We never got no money no breaks'
         D    A       Em     G     A    Bm
You've got a list of all the major offen - ders
       G    A          Em        G    A  D
You got a list of all their major mis - takes
G    A  Em       G    A        Em
And he's standing in the shadows
G          A        Em    G A      G
Yes and you smile that come - on smile
        D    A          Em  G  A        Bm  G
Oh, I can still hear you say as  clear as the day
         A
'I'd like to make it worth your while'
```

Verse 4

   (A)   **D**
Ah but it's a sad reminder

                               Bm   **G**
When your organ grinder has to come to you for rent

D
   And all you've got to give him

           A
Is the use of your sideshow tent

          D **D/F♯**   **G**   **A**   **D**
Yes and that's all that re - mains of the years

        D/F♯   **G**   **Bm**
Spent doing the   rounds

   D/F♯   **G**   **A**
And it never rains around here

G   **A**   **D**
   Well it just comes pouring down

Bridge 2

       A   **Em**   **G**   **A**   **Em G**
Now you know what they say a - bout beg - gars

A   **Em**   **G**   **A**   **G D**
   You can't complain a - bout the rules

A   **Em**   **G**   **A**   **Bm G**
You know what they say a - bout beg - gars

A   **Em**   **G**   **A**   **D G**
   You know who's the first to blame his tools

   A   **Em**   **G** **A**   **Em**   **G**
You never gave a damn a - bout who you pick up

   A   **Em**   **G**   **A**   **G D**
And leave lay - ing bleeding on the ground

   A   **Em G** **A**   **Bm G**
You screw people over   on your way up

          A   **Em**   **G**   **A**   **D G**
Because you thought that you were never coming down

     A   **Em**   **G**   **A**   **Em**
And he takes you out in Vaude - ville Val - ley

G   **A**   **Em**   **G**   **A**   **G D**
With his hand up   smothering your screams

      A   **Em G**   **A**   **Bm**
And he screws you down in Tin Pan Al - ley

G   **A**   **Em** **G**   **A**   **G D**
In the city of a bil - lion dreams

Outro   ‖: **A** **Em G**| **A** **Em G**| **A** | **A** **G** **D** :‖ *Play 24 times to fade*

IN THE GALLERY

WORDS & MUSIC BY MARK KNOPFLER

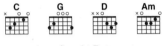

Capo 1st Fret

Intro
| C | C | C | C |

| G | G | D | D |

| Am | Am D | Am | D |

| Am | Am D | Am | D |

Verse 1
```
          Am                          D Am           D        Am   D Am C D G A
Harry made a bareback rider    proud and free  upon a horse
                      D Am      D        Am   D Am C G Am
And a fine coalminer    for the NCB that was
              D                    Am    D Am C D G Am
A fallen angel    and Jesus on the cross
                  D Am           D                    Am    D Am C C
A skating ballerina    you should have seen her do the skater's waltz
```

Verse 2

   (G)   **Am**   **D Am**
Some people have got to paint and draw

          D   **Am**   **D Am C D G Am**
Harry had to work in clay and stone

                           D Am
Like the waves coming to the shore

       D   **Am**   **D Am C G**
It was in his blood and in his bones

    Am   **D**   **D**   **Am**
Ig - nored by all the trendy boys in London, and in Leeds

                 D Am   **G C**   **G**
He might as well have been making toys   or strings of beads

          C
He could not be

          G D
He could not be   in the gallery

Link 1   ‖: **Am** | **Am D** | **Am** | **D**   :‖

Verse 3

Am   **D Am**   **D**   **Am D Am C D G Am**
And then you get an artist   says he doesn't want to paint at all

                  D Am   **D**   **Am**   **D Am C G Am**
He takes an empty canvas   and sticks it on the wall

                   D   **Am**   **D**
The birds of a feather   all the phonies and all of the fakes

             Am
While the dealers they get together

    G   **C**   **G**
And they de - cide who gets the breaks

                C
And who's going to be

          G D
Who's going to be   in the gallery

Solo

‖: Am | Am D | Am | D :‖

| Am | Am D | Am | D |

| Am | Am D | Am C | D G |

| Am | Am D | Am | D |

| Am | Am D | Am C | G |

| Am | Am D | Am | D |

| Am | Am G | C | G |

| C | C | C | C |

| G | G | D | D ‖

‖: Am | Am D | Am | D :‖

Verse 4

Am   D Am
No lies he wouldn't compromise

D   Am   D Am C D G Am
No junk, no bits of string

                      D   Am
And all the lies we subsi - dise

D   Am D Am C G Am
They just don't mean a thing

                         D Am   D Am
I've got to say he passed a - way   in obscurity

                         G   C   G
And now all the vultures   are coming down from the tree

C
He's going to be

            G   D   (Am)
So he's going to be   in the gallery

Outro

‖: Am | Am D | Am | D :‖   *Play 16 times to fade*
                                              w/vocal ad lib

LADY WRITER

Words & Music by Mark Knopfler

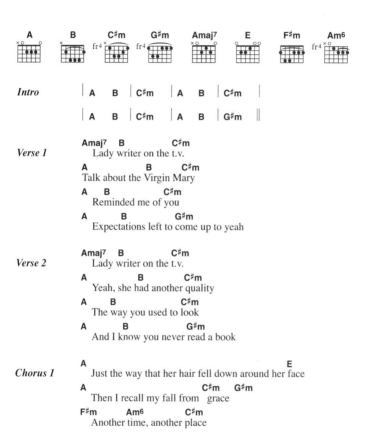

Intro

| A   B | C♯m | A   B | C♯m |

| A   B | C♯m | A   B | G♯m ‖

Verse 1

Amaj7   B   C♯m
Lady writer on the t.v.

A   B   C♯m
Talk about the Virgin Mary

A   B   C♯m
Reminded me of you

A   B   G♯m
Expectations left to come up to yeah

Verse 2

Amaj7   B   C♯m
Lady writer on the t.v.

A   B   C♯m
Yeah, she had another quality

A   B   C♯m
The way you used to look

A   B   G♯m
And I know you never read a book

Chorus 1

A   E
Just the way that her hair fell down around her face

A   C♯m   G♯m
Then I recall my fall from   grace

F♯m   Am6   C♯m
Another time, another place

Verse 3

   Amaj⁷ **B**   **C♯m**
   Lady writer on the t.v.

   A   **B**   **C♯m**
   She had all the brains and the beauty

   A   **B**   **C♯m**
   The picture does not fit

   A   **B**   **G♯m**
   You talked to me when you felt like it

Chorus 2

   A   **E**
   Just the way that her hair fell down around her face

   A   **C♯m**   **G♯m**
   Then I recall my fall from grace

   F♯m   **Am⁶**   **C♯m**
   Another time, another place

Middle

E
Yes and your rich old man

                     B
You know he'd call her   a dead ringer

G♯m
   You got the same command

                     F♯m
Plus your mother was a jazz singer

Solo

‖: A   B | C♯m | A   B | C♯m |

| A   B | C♯m | A   B | G♯m :‖

Chorus 3

   A   **E**
   Just the way that her hair fell down around her face

   A   **C♯m**   **G♯m**
   Then I recall my fall from grace

   F♯m   **Am⁶**   **C♯m**
   Another time, another place

Verse 4

Amaj7   **B**   **C♯m**
Lady writer on the t.v.

A   **B**   **C♯m**
She knew all about a history

A   **B**   **C♯m**
You couldn't hardly write your name

A   **B**   **G♯m**
I think I want you just the same as the

Verse 5

Amaj7   **B**   **C♯m**
Lady writer on the t.v.

A   **B**   **C♯m**
Talking about the Virgin Mary

A   **B**   **C♯m**
Yeah, you know I m talking about you and me

        A   **B**   **G♯m**
And the lady writer on the t.v.

Amaj7   **B**   **C♯m**
Lady writer on the t.v.

A   **B**   **C♯m**
Talking about the Virgin Mary

A   **B**   **C♯m**
Yeah, you know I'm talking about you and me

        A   **B**   **G♯m**
And the lady writer on the t.v.

Solo

‖: **A**   **B** | **C♯m** | **A**   **B** | **C♯m** |

| **A**   **B** | **C♯m** | **A**   **B** | **G♯m** :‖   *Repeat to fade*

55

LIONS

WORDS & MUSIC BY MARK KNOPFLER

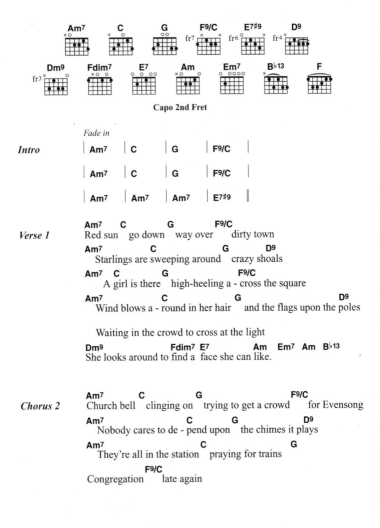

Capo 2nd Fret

Fade in

Intro

| Am7 | C | G | F9/C |
| Am7 | C | G | F9/C |
| Am7 | Am7 | Am7 | E7#9 ‖

Verse 1

Am7　　C　　　　　G　　　　　F9/C
Red sun　go down　way over　　dirty town
Am7　　　　　C　　　　　　G　　　D9
　　Starlings are sweeping around　crazy shoals
Am7　C　　　　G　　　　　　F9/C
　　A girl is there　high-heeling a - cross the square
Am7　　　　　　C　　　　　　G　　　　　　　　D9
　　Wind blows a - round in her hair　　and the flags upon the poles

　　Waiting in the crowd to cross at the light
Dm9　　　　　　　Fdim7　E7　　　　　Am　Em7　Am　B♭13
She looks around to find a　face she can like.

Chorus 2

Am7　　　　C　　　　　G　　　　　　　　F9/C
Church bell　clinging on　trying to get a crowd　　for Evensong
Am7　　　　　　　　C　　　　　G
　　Nobody cares to de - pend upon　the chimes it plays
Am7　　　　　　　　C　　　　　　G
　　They're all in the station　praying for trains
　　　　　　　　F9/C
Congregation　　late again

cont.

Am⁷   **C**   **G**   **D⁹**
It's getting darker   all the time these   flagpole days
Dm⁹
Drunk old soldier he gives her a fright
            Fdim⁷   **E⁷**   **Am**   **Em⁷**   **Am**   **B♭13**
He's a crazy lion howling   for a fight

Interlude

| **Am⁷** | **C** | **G** | **F⁹/C** | |

| **Am⁷** | **C** | **G** | **F⁹/C** | |

| **Am⁷** | **Am⁷** | **Am⁷** | **E⁷♯⁹** | ‖

Verse 3

Am⁷   **C**   **G**
Strap hanging   gunshot sound
               F⁹/C
Doors slamming on the   overground
Am⁷   **C**   **G**   **D⁹**
  Starlings are tough but the lions are made of stone
Am⁷   **C**   **G**
  Her evening paper is   horror torn
               F⁹/C
But there's hope later   for Capricorns
Am⁷   **C**   **G**   **D⁹**
  Her lucky stars give her just enough   to get her home
Dm⁹
  Then she's reading about a swing to the right
               Fdim⁷   **E⁷**   **Am**   **Em⁷**
But she's thinking about a stranger   in the night
F   **G**   **F**
  I'm thinking about the lions,   tonight
               G   **F**
Thinking about the lions,   tonight
               G   **Am**   **Em⁷**
What happened to the lions to - night
       Am   **Em⁷**
(To - night)
       Am   **Em⁷**   **Am**
(To - night)

Outro   ‖: **G** | **G** | **G** | **G**   :‖   *Play 9 times to fade*

LOVE OVER GOLD

WORDS & MUSIC BY MARK KNOPFLER

Intro

| B♭ | C | Am7 | Dm Am | B♭ | C | Am7 | Dm C |

| B♭ | C/E | Gm7 | Dm Am7 | B♭ | C | B♭ | C |

Verse 1

F/A B♭   Gm7   C
You walk out on the high wire

Gm7   F/A   B♭
You're a dancer on thin ice

F   Gm7   B♭   C
You pay no heed to the danger

A7aug   A7   Dm   C
And less to advice

F   Gm7   B♭   C
Your footsteps are forbidden

         A7aug   A7   B♭maj7
But with knowledge of your sin

F   Gm7   B♭ F
You throw your love to all the strangers

Dm
And caution to the wind

Link 1

| Am/C G/B Gm/B♭ | F/A E♭/G D/F♯ | D/F♯ E♭/G | D/F♯ E♭/G |

| D/F♯ E♭/G D7 | Gm7 | B♭m6 | C | C C7/B♭ |

58

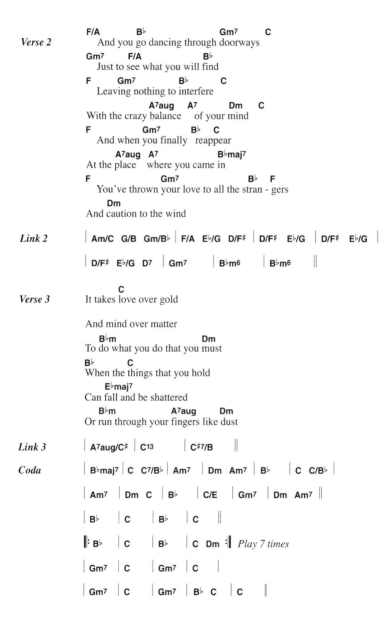

Verse 2

F/A   B♭   Gm7   C
And you go dancing through doorways

Gm7   F/A   B♭
Just to see what you will find

F   Gm7   B♭   C
Leaving nothing to interfere

        A7aug   A7   Dm   C
With the crazy balance   of your mind

F   Gm7   B♭   C
And when you finally   reappear

    A7aug   A7   B♭maj7
At the place   where you came in

F   Gm7   B♭   F
You've thrown your love to all the stran - gers

    Dm
And caution to the wind

Link 2 | Am/C   G/B   Gm/B♭ | F/A   E♭/G   D/F♯ | D/F♯   E♭/G | D/F♯   E♭/G |

         | D/F♯   E♭/G   D7 | Gm7 | B♭m6 | B♭m6   ‖

Verse 3

       C
It takes love over gold

And mind over matter

   B♭m   Dm
To do what you do that you must

B♭   C
When the things that you hold

      E♭maj7
Can fall and be shattered

   B♭m   A7aug   Dm
Or run through your fingers like dust

Link 3 | A7aug/C♯ | C13 | C♯7/B   ‖

Coda | B♭maj7 | C   C7/B♭ | Am7 | Dm   Am7 | B♭ | C   C/B♭ |

      | Am7 | Dm   C | B♭ | C/E | Gm7 | Dm   Am7 ‖

      | B♭ | C | B♭ | C   ‖

      ‖: B♭ | C | B♭ | C   Dm :‖ *Play 7 times*

      | Gm7 | C | Gm7 | C |

      | Gm7 | C | Gm7 | B♭   C | C   ‖

THE MAN'S TOO STRONG

Words & Music by Mark Knopfler

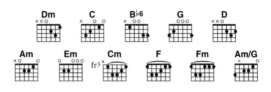

Intro | Dm | C | B♭6 | Dm |

| Dm | C | B♭6 | Dm ‖

Dm
I'm just an ageing drummer boy

       C
and in the wars I used to play

   B♭6
And I've called the tune

          Dm
to many a torture session

Now they say I am a war criminal

       C
and I'm fading away

B♭6   **Dm**
Father please hear my con - fession

       G
Verse 1   I have legalised robbery

D
Called it belief

       G
I have run with the money

      D
And hid like a thief

cont.

G
I have re-written history

D
With my armies and my crooks

C   Am
Invented memories

D
I did burn all the books

Dm
And I can still hear his laughter

C   Em
And I can still hear his song

The man's too big

D   C
The man's too strong

Interlude

D	C	C	C
Cm	G	G	G
B♭6	B♭6	B♭6	D
D	D	D

Verse 2

G
Well I have tried to be meek

D
And I have tried to be mild

G
But I spat like a woman

D
And sulked like a child

G
I have lived behind walls

D
That have made me alone

C   Am
Striven for peace

D
Which I never have known

Dm
And I can still hear his laughter

C   **Em**
And I can still hear his song

The man's too big

         D   **C**
The man's too strong

Interlude 2   As Interlude 1

         G
Verse 3   Well the sun rose on the courtyard

     D
and they all did hear him say

  G
'You always were a Judas

  D
but I got you anyway

  G
You may have got your silver

  D
but I swear upon my life

        C   **Am**
Your sister gave me diamonds

    D
And I gave them to your wife'

  Dm
Oh Father please help me

  C   **Em**
For I have done wrong.

The man's too big,

        D   **C**
The man's too strong.

Interlude 3	D	C	C	C	
	Cm	G	G	G	
	B♭6	F	F	F	
	Fm	C	C	Am	
	Am	F	F	F	
	F	D	D	D	D ‖

Outro	D	C	C	C	
	D	C	C	C	
	Cm	G	G	G .	
	B♭6	B♭6	B♭6	F	
	F	F	Fm	Fm	
	Fm	C	C	Am	
	Am/G	F	F	F	D ‖

LES BOYS

Words & Music by Mark Knopfler

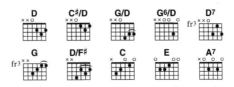

Verse 1

    D   C#/D D G/D D
Les boys do ca - baret

    G6/D D G/D D7   G   D7 G/D
Les boys are glad to be gay

D   **C#/D   D/F#**
  They're not a - fraid now

D/F# C#/D D G/D D
Disco bar in Ger - many

    G6/D D G/D D7   G   D7 G/D
Les boys are glad   to be

D   C#/D   D/F#
Up - on pa - rade now

Verse 2

    D   C#/D D G/D D
Les boys got lea - ther straps

    G6/D D G/D D7 G   D7 G/D
Les boys got S   S caps

D   **C#/D D/F#**
But they got no gun now

D   **C#/D D   G/D D**
Get dressed up   get a little risqué

                G6/D D G/D D7 G   D7 G/D
Got to do a little S & M   these days

D   C#/D D/F#
It's all in   fun now

Chorus 1

G
Les boys come on again

For the high class whores

And the businessmen
    C   **E**
Who drive in their Mer - cedes-Benz
    A⁷
To a disco bar in old München

Link 1
  | **D** | **D** | **D** | **D**   ‖

Verse 3
D   **C♯/D** **D**   **G/D** **D**
    They get the jokes that the D.   J. makes
        G6/D   **D**   **G/D** **D⁷**   **G**   **D⁷** **G/D**
They get nervous and they make   mi - stakes
D   **C♯/D**   **D/F♯**
They're bad for business
D   **C♯/D** **D**   **G/D**   **D**
Some tourist take a photo - graph
    G6/D **D**   **G/D** **D⁷**   **G**   **D⁷** **G/D**
Les boys don't get   one laugh
D **C♯/D** **D/F♯**
He says   they're useless

Chorus 2

G
   Les boys come on again

For the high class whores

And the businessmen
    C   **E**
Who drive in their Mer - cedes-Benz
    A⁷
To a disco bar in old München

Link 2 ‖: D | D | D | D ‖

Solo ‖: D C♯/D D | D | D G6/D D | G/D   D7 |
       | G | D7 G/D D | D/F♯ | D/F♯   :‖

Bridge
G
    Late at night when they've gone away

Les boys dreams of Jean Genet
C   E
High heel shoes and a black beret
       A7
And the posters on the wall that say

Outro
D   C♯/D D G/D D
‖: Les boys do ca - baret
   G6/D D G/D D7   G   D7 G/D D C♯/D D
Les boys are glad to be gay   :‖ *Play 6 times*
D   C♯/D D G/D D
  Les boys do ca - baret
   G6/D D G   A7 D
Les boys do ca - ba - ret

66

MONEY FOR NOTHING

Words & Music by Mark Knopfler & Sting

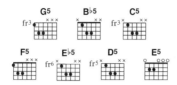

Intro
(fade in)

N.C.
I want my, I want my MTV

I want my, I want my MTV

I want my, I want my MTV

I want my, I want my MTV

Riff

‖: G5 | G5 | G5 | B♭5 C5 | G5 | G5 | G5 | F5 G5 :‖

Verse 1

   G5
Now look at them yo-yos that's the way you do it
       B♭5 C5
You play the guitar on the MTV
G5
  That ain't workin' that's the way you do it
         F5   **G5**
Money for nothin' and your chicks for free

Now that ain't workin' that's the way you do it
      B♭5   **C5**
Lemme tell ya them guys ain't dumb
G5
Maybe get a blister on your little finger
      F5   **G5**
Maybe get a blister on your thumb

Chorus 1

E♭5   B♭5
We gotta install microwave ovens
E♭5   F5
Custom kitchen deliveries
G5
We gotta move these refrigerators
C5   D5   E5
We gotta move these colour TVs ____

Verse 2

G5
See the little faggot with the earring and the make-up
                 B♭5   C5
Yeah buddy that's his own hair
G5
That little faggot got his own jet airplane
               F5   G5
That little faggot he's a millionaire

Chorus 2

E♭5   B♭5
We gotta install microwave ovens
E♭5   F5
Custom kitchen deliveries
G5
We gotta move these refrigerators
C5   D5   E5
We gotta move these colour TVs ____

Riff

| (G5) | G5 | G5 | B♭5 C5 | G5 | G5 | G5 | F5 G5 ‖

Chorus 3

E♭5   B♭5
We gotta install microwave ovens
E♭5   F5
Custom kitchen deliveries
G5
We gotta move these refrigerators
C5   D5   E5
We gotta move these colour TVs ____

Verse 3

G5
I shoulda learned to play the guitar

B♭5   C5
I shoulda learned to play them drums

G5
Look at that mama, she got it stickin' in the camera

F5   G5
Man we could have some fun

And he's up there, what's that? Hawaiian noises?

B♭5   C5
Bangin' on the bongoes like a chimpan - zee

G5
That ain't workin' that's the way you do it

F5   G5
Get your money for nothin' get your chicks for free

Chorus 4

E♭   B♭5
We gotta install microwave ovens

E♭   F5
Custom kitchen deliveries

G5
We gotta move these refrigerators

C5   D   E
We gotta move these colour TVs, Lord ____

Riff

| (G5) | G5 | G5 | B♭5 C5 |

| G5 | G5 | G5 | F5   G5 ‖

Listen here now.

Coda

G5
Now that ain't workin' that's the way you do it

B♭5 C5
You play the guitar on the MTV

G5
That ain't workin' that's the way you do it

F5   G5
Money for nothin' and your chicks for free

B♭5 C5
‖: Money for nothin' and chicks for free

G5   F5 G5
Get your money for nothin' and your chicks for free :‖

Ad lib. to fade

69

MY PARTIES

Words & Music by Mark Knopfler

Em   D   G   Cadd9

C   D/F♯   Em7/D   B7   Am

Intro

‖: Em D | G Em | Cadd9 D | G   :‖

| C D/F♯ | G Em | Cadd9 D | G |

| C D/F♯ | G Em | Cadd9 D   ‖

(Well this is)

Verse 1

(D)   Em   Em7/D C   B7
Well this is my back yard – my back gate

Em   Em7/D C   B7
  I hate to start my parties late

Em   Em7/D C   B7
  Here's the party cart – ain't that great?

C   D
  That ain't the best part baby – just wait

    Em   D   C   B7
That's a genuine weathervane – it moves with the breeze

Em   C   D
  Portable hammock honey – who needs trees

G   Em   C D/F♯
It's casual entertaining – we aim to please

  G   Em C D
At my par - ties

Verse 2

Em   D   C   B7
  Check out the shingles – it's brand new

Em   Am   B7
  Excuse me while I mingle – Hi, how are you

Em   D   C   B7
  Hey every - body – let me give you a toast

C   D
  This one's for me – the host with the most

Sax solo | Em D | C B⁷ | Em | C B⁷ |

| Em D | C B⁷ | C | D |

Verse 3

Em   D   C   B⁷

It's getting a trifle colder – step inside my home

Em   Am   B⁷

That's a brass toilet tissue holder with its own tele - phone

Em   D   C   B⁷

That's a musical doorbell – it don't ring, I ain't kiddin'

     C   D

It plays america the beautiful and tie a yellow ribbon

Verse 4

Em   D   C   B⁷

Boy, this punch is a trip – it's o.k. in my book

Em   Am   B⁷

Here, take a sip – maybe a little heavy on the fruit

Em   D   C   B⁷

Ah, here comes the dip – you may kiss the cook

C   D

Let me show you honey – it's easy look

Em   D   C   B⁷

You take a fork and spike 'em – say, did you try these?

Em   C   D

So glad you like 'em – the secret's in the cheese

        G   Em   C   D/F♯

It's casual entertaining – we aim to please

     G   Em   C   D   G C

At my par - ties

D/F♯   G   Em   C   D

Yeah, at my par - ties

Verse 5

Em   D   C   B⁷

Now don't talk to me about the polar bear

Em   D/F♯ B⁷

Don't talk to me about the ozone layer

Em   D   Em   D

Ain't so much of anything these days,   even the air

C   D

They're running out of rhinos – what do I care

Em

Let's hear it for the dolphin – let's hear it for the trees

     C   D

Ain't running out of nothing in my deep freeze

71

cont.

                G   Em   C   D/F♯
It's casual entertaining, we aim to please

        G   Em   C   D
At my par - ties

G   C   D/F♯
Do what you please

        G   Em   C   D   G   C
At my par - ties

D/F♯   G   Em   C   D
Yeah, at my par - ties

        G
You do what you please

C   D/F♯   G   Em   C   D   G
   Oh yeah,   at my par - ties

        C   D   G   C   D   G
Bridge   Oh yes at my parties,   (yeah, I thought you'd like that)

  | C   D | G   Em | C   D | G |

  | C | D | G   Em | C   D |

G   C   D   G   Em   C   D   G
   (Mmm, that's nice)

        C D/F♯   G   Em   C   D   G   C
Outro   At my par - ties

D/F♯   G   Em   C   D   G   C
Yeah, at my par - ties

        D/F♯   G   Em   C   D
Oh yeah, at my par - ties

        G   C   D/F♯
You do what you please

        G   Em   C   D   G
At my par - ties

‖: C   D/F♯ | G   Em | C   D | G   :‖   *Repeat to fade*

72

NEWS

WORDS & MUSIC BY MARK KNOPFLER

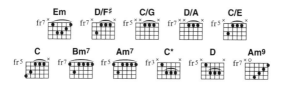

Intro

Em	D/F♯	C/G	D/A
C/G	C/G	C/E	C/E
Em	Bm⁷	C	Bm⁷
Am⁷	Am⁷	C	C ‖

Verse 1

    Em   Bm⁷
He sticks to his guns
           C   Bm⁷
He take the road as it comes
         Am⁷   C
It take the shine off his shoes
Em   Bm⁷
  He says it's a shame
           C   Bm⁷
You know it may be a game
         Am⁷   C
Ah but I won't play to lose

Verse 2

     Em   **Bm⁷** **C**
      He's burning the grass

          Bm⁷
He take up a glass

   Am⁷   **C**
He swallow it neat

Em   **Bm⁷**
   He crosses the floor

    C   **Bm⁷**
He open the door

      Am⁷   **C**
He take a sniff of the street

Chorus 1

   C* **D**   **C*** **D**
     And then she tell him that he's crazy

She's a-saying hey baby

      Em
I'm your wife

C* **D**   **C*** **D**
    Yeah she tell him that he's crazy

                   C* **Am⁹**
For gambling a-with his life

Verse 3

Em   **Bm⁷**
  But he climbs on his horse

         C   **Bm⁷**
You know he feel no remorse

   Am⁷   **C**
He just kicks it alive

Em   **Bm⁷**
  His motor is fine

        C   **Bm⁷**
He take it over the line

    Am⁷   **C**
Until he's ready to dive

Solo

‖: **Em** | **Bm⁷** | **C** | **Bm⁷** |

| **Am⁷** | **Am⁷** | **C** | **C** :‖

Chorus 2

C* D   C* D
    And she tell him that he's crazy

Yes she's saying listen baby

    Em
I'm your wife

C* D   C* D
    Yeah she tell him that he's crazy

                         C*   Am9
For gambling with his life

Verse 4

Em   Bm7
   He sticks to his guns

          C   Bm7
He take the road as it comes

         Am7   C
It take the shine off his shoes

Em   Bm7
   He says it's a shame

          C   Bm7
You know it may be a game

        Am7   C
Ah but I won't play to lose

Verse 5

Em   Bm7
   He sticks to his guns

          C   Bm7
He take the road as it comes

         Am7   C
It take the shine off his shoes

Em   Bm7
   He's too fast   to stop

          C   Bm7
He take it over the top

        Am7
He make a line in the news

ON EVERY STREET

WORDS & MUSIC BY MARK KNOPFLER

F   C   G   Am   G/B   Esus⁴   G⁶

C/G   Em   Dm   B♭   B♭maj⁷   D   Gsus⁴

Verse 1

        F   C   G   C
There's gotta be a record of you someplace

     Am   G/B   C
You gotta be on somebody's books

F   C   G/B   Esus⁴
  The lowdown – a picture of your face

Am   G⁶
  Your injured looks

F   C   F
  The sacred and profane

               C/G   G
The pleasure and the pain ____

C   G/B   Am   Em
Somewhere your fingerprints remain concrete

     Dm   B♭   B♭maj⁷ C   Am
And it's your face I'm looking for   on every street

Link 1 | F   G⁶ | D Em | F Em | Gsus⁴ G | Am ||

Verse 2

F   C   G   C
  A lady-killer, regu - lation tattoo

Am G/B   C
Silver spurs on his heels

     F   C   G/B   Esus⁴
Says – What can I tell you, as I'm standing next to you

     Am   G⁶
She threw herself under my wheels

F   C   F
  Oh it's a dangerous road

               C/G   G
and a hazardous load

          C   G/B   Am   Em
And the fireworks over liberty explode in the heat

     Dm   B♭   B♭maj⁷ C   Am
And it's your face I'm looking for   on every street

Link 2 ‖: F   G6 | D   Em | F   Em | Gsus4   G :‖ Am   ‖

Verse 3

　　　　　F　　　　　C　　　　　G　　　　　C
A three-chord symphony crashes into space

　　　　Am　　　　　　　G/B　C
The moon is hanging upside down

F　　　　　　　C　　　　　　G/B　　　Esus4
　I don't know why it is I'm still on the case

Am　　　　　　　　　G6
　It's a ravenous town

F　　　　　　　　　　C　　　F
　And you still refuse to be traced

　　　　　　　　　　C/G　　G
Seems to me such a waste

C　　　　　G/B　　　　Am　　　　　　　　Em
　And every victory has a taste that's bitter - sweet

　　　　Dm　　　　　　　Bb　　　　　Bbmaj7　　　　　C　　Am
And it's your face I'm looking for 　　on every street

　　　　Dm　　　　　　　Bb　　　　　Bbmaj7　　　　　C　　Am
Yeah, it's your face I'm looking for 　　on every street

Coda ‖: F   G6 | D   Em | F   Em | Gsus4   G :‖ *Ad lib. to fade*

ONCE UPON A TIME IN THE WEST

WORDS & MUSIC BY MARK KNOPFLER

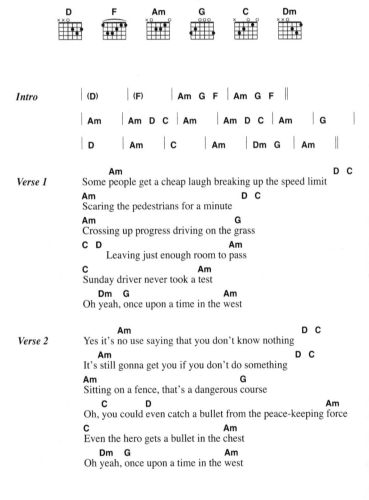

Intro

| (D) | (F) | Am G F | Am G F ‖
| Am | Am D C | Am | Am D C | Am | G |
| D | Am | C | Am | Dm G | Am ‖

Verse 1

     Am   **D C**

Some people get a cheap laugh breaking up the speed limit

Am   **D C**

Scaring the pedestrians for a minute

Am   **G**

Crossing up progress driving on the grass

C D   **Am**

      Leaving just enough room to pass

C   **Am**

Sunday driver never took a test

   Dm G   **Am**

Oh yeah, once upon a time in the west

Verse 2

        Am   **D C**

Yes it's no use saying that you don't know nothing

      Am   **D C**

It's still gonna get you if you don't do something

Am   **G**

Sitting on a fence, that's a dangerous course

     C   **D**   **Am**

Oh, you could even catch a bullet from the peace-keeping force

C   **Am**

Even the hero gets a bullet in the chest

   Dm G   **Am**

Oh yeah, once upon a time in the west

Solo 1 | D | F | Am G F ‖ Am | Am D C | Am |

| Am D C | Am | G | D | Am | C |

| Am | Dm G | Am | D | F | Am G F ‖

Verse 3

Am   D C
Mother Mary your children are slaughtered

Am   D C
Some of you mothers ought to lock up your daughters

Am   G
Who's protecting the innocenti

C D   Am
   Heap big trouble in the land of plenty

C   Am
   Tell me how we're gonna do what's best

   Dm G   Am
You guess once upon a time in the west

Coda

   Dm G   Am
Oh yeah once upon a time in the west

   Dm G   Am
Oh yeah once upon a time in the west

   Dm G   Am
Oh yeah once upon a time in the west

Solo 2 | Dm G | Am | Dm G | Am | Dm G | Am ‖

Dm   G   Am
Once upon a time, once upon a time in the west

‖: Dm G   Am
      Once upon a time in the west :‖ *Repeat ad lib. to fade*

ONE WORLD

Words & Music by Mark Knopfler

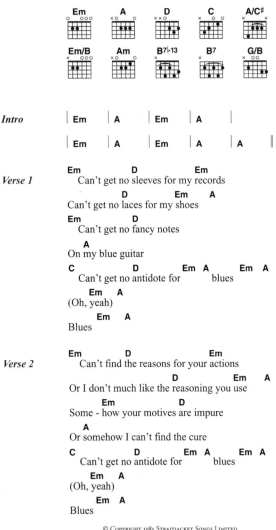

Intro
| Em | A | Em | A |
| Em | A | Em | A | A |

Verse 1

Em   D   Em
  Can't get no sleeves for my records

                D   Em   A
Can't get no laces for my shoes

Em   D
  Can't get no fancy notes

     A
On my blue guitar

C   D   Em A   Em A
  Can't get no antidote for   blues

       Em   A
(Oh, yeah)

       Em   A
Blues

Verse 2

Em   D   Em
  Can't find the reasons for your actions

                     D   Em   A
Or I don't much like the reasoning you use

         Em   D
Some - how your motives are impure

     A
Or somehow I can't find the cure

C   D   Em A   Em A
  Can't get no antidote for   blues

       Em   A
(Oh, yeah)

       Em   A
Blues

Bridge

  Em   **D**
They say it's mostly vanity

   A/C♯   **Em/B**
That writes the plays we act

   C   **D**   **Em** **Am** **B7♭13** **B7**
They tell me that's what everybody knows

    Em   **D**
There's no such thing as sanity

   A/C♯   **Em/B**
And that's the sanest fact

C   **G/B C** **D**   **Am** **D**
 That's the way the story goes

Solo

Em **A**

   Em **A**
(Oh, yeah)

   Em **A**
(Oh, yeah)

    Em **A**
(Blues)

Verse 3

Em   **D**   **Em**
 Can't get no remedy on my TV

         D   **Em**
There's nothing but the same old news

Em   **D**
They can't find a way to be

  A
One world in harmony

C   **D**   **Em A** **Em A**
 Can't get no antidote for blues

  Em **A**   **Em A**
(Oh yeah) blues

Outro

Em **A**

   Em **A**
Blues

   Em **A**
(Oh yeah)

    Em **A**
Blues

‖: **Em** | **A** | **Em** | **A** |

| **Em** | **A** | **Em** | **A** :‖ *To fade*

PLANET OF NEW ORLEANS

Words & Music by Mark Knopfler

[Chord diagrams: Am9, Fsus2, B♭, E, F13, E7♭13, Am7, Am7/G, Fmaj7, C/E, B♭/D, Fsus2/A, B7, E7/A, E7, E7#9]

Intro		Am9		Fsus2		B♭		E	
		F13		E7♭13		Am7 Am7/G	Fmaj7		
		B♭		E		F13		E7♭13	
		Am7 Am7/G	Fmaj7 C/E	B♭/D		E			
		F13		E7♭13		Am7		Am7	
		Am7		Fsus2/A		Am7		Fsus2/A	
		E		B♭		E		E	

Verse 1

    Am7   Fsus2   B7
Standin' on the corner

                   E   F13
Of Toulouse and Dau - phine

E7♭13   Am9
Waitin' on Marie-On - dine

I'm trying to place a tune

       Fsus2   B7   F13
Under a Louisiana moonbeam

    E7♭13   Am7
On the planet of New Or - leans

          Am7   **Fsus2**   **B7**
In a bar they call the saturn

              E   **F13**
And in her eyes of green

      E7♭13   **Am9**
And somethin' that she said in a dream

                    Fsus2
Inside of my suit I got my mojo root

    B7   **F13**
And a true love figurine

      E7♭13   **Am7**
For the planet of New Or - leans

        Am9   **E7/A**
New Or - leans

              E
With other life upon it

                  Am7
And everythin' that's shakin' in be - tween

Am9   **E7**
  If you should ever land upon it

             F13
You better know what's on it

    E7♭13   **Am7**
The planet of New Or - leans

        Am7   **Fsus2**   **B7**
Now I'm tryin' to find my way

               E   **F13**
Through the rain and the steam

    E7♭13   **Am9**   **E7♯9**
I'm lookin' straight ahead through the screen

    Am9   **Fsus2**   **B7**
And then I heard her say

Somethin' in the limousine

    F13   **E7♭13**   **Am7**
'Bout taking a ride across the planet of New Or - leans

Solos	‖: **Am7**	**Fsus2**	**B7**	**E**

Am7	**Fsus2**	**B7**	**E**
F13	**E7♭13**	**Am9**	**Am9 E7♯9**
Am9	**Fsus2**	**B7**	**B7**
F13	**E7♭13** :‖		

Link 1

Am7	**Am7**	**Fsus2/A**	**Fsus2/A**
Am9	**Am9**	**Fsus2/A**	**Fsus2/A**
E	**E**	**Fsus2**	**Fsus2/A**
E	**E**	**E**	**E** ‖

Verse 4

Am7
If she was an ace
  Fsus2
And I was just a jack
   B7   **E**   **F13**
And the cards were never seen
 E7♭13   **Am9**   **E7♯9**
We could have been the king and the queen
    Am9   **Am7/G Fsus2**
But she took me on back to her courtyard
    B7
Where mag - nolia perfume screams
   F13
Behind the gates and the granite
 E7♭13   **Am7**
of the planet of New Or - leans

Chorus 2

   Am9 **E7/A**
New Or - leans   (the other planet)
         E
With other life upon it
           Am7
And everythin' that's shakin' in be - tween
Am9   **E7**
  If you should ever land upon it
       F13
You better know what's on it
 E7♭13   **Am7** **E7/A**
The planet of New Or - leans

84

cont.   With other life upon it

                                  Am7
And everythin' that's shakin' in be - tween

Am9   **E7**
  If you should ever land upon it

                       F13
You better know what's on it

    E7♭13   **Am9**   **Fsus2** **B7** **E** **F13**
The planet of New Or - leans

    E7♭13   **Am9**
The planet of New Or - leans

Outro   ‖: **Am9** | **Fsus2** | **B♭** | **E** | **F13** | **E7♭13** :‖

                                              Play 6 times to fade

PRIVATE INVESTIGATIONS

WORDS & MUSIC BY MARK KNOPFLER

Em   Bm/D   A/C♯   G/B   F/A   B7/A   Em/G

G dim   F♯m7♭5   B7   D/F♯   G   D   Am   C

Intro
| Em | Bm/D | Bm/D | A/C♯ | G/B | F/A |
| B7/A | Em/G | Gdim | F♯m7♭5 | B7 | Em ‖

Verse 1

Em   Bm/D
It's a mystery to me – the game commences

               A/C♯
For the usual fee – plus expenses

G/B   F/A
  Confidential information – it's in a diary

B7/A   Em/G
  This is my investigation – it's not a public inquiry

Link
| G dim | F♯m7♭5 | B7 | Em ‖

Verse 2

Em   Bm/D
I go checking out the reports – digging up the dirt

                  A/C♯
You get to meet all sorts in this line of work

G/B   F/A
  Treachery and treason – there's always an excuse for it

B7/A   Em/G
  And when I find the reason I still can't get used to it

Link
| Gdim | F♯m7♭5 | B7 | Em ‖

Bridge

D/F♯ G   D
  And what have you got at the end of the day?

Am   Em   D/F♯
 What have you got to take away?

G   D
 A bottle of whisky and a new set of lies

C   B7
 Blinds on the window and a pain behind the eyes

Solo

| Em | Bm/D | Bm/D | A/C♯ | G/B | F/A | |
| B7/A | Em/G | Gdim | F♯m7♭5 | B7 | Em | ‖ |

Verse 3

G dim   F♯m7♭5
 Scarred for life – no compensation

B7
 Private investigations

Coda

Em *Ad lib. to fade*

PORTOBELLO BELLE

WORDS & MUSIC BY MARK KNOPFLER

G   **Cadd9/G**   **F6**

⑥ = **D**   ③ = **G**
⑤ = **G**   ② = **B**
④ = **D**   ① = **D**

Capo 5th Fret

Intro | G | G | G ‖

Verse 1

G   Cadd9/G   G
Bella donna's on the high street
                Cadd9/G   G
Her breasts upon the off beat
                Cadd9/G   G
And the stalls are just the side shows
        Cadd9/G   G
Victoriana's old clothes
             Cadd9/G   G
And yes her jeans are tight now
        Cadd9/G   G
She gotta travel light now
            Cadd9/G   G
She gotta turn up all her roots now

              Cadd9/G   G
She got a turn up for the boots now
    Cadd9/G
Yeah she thinks she's tough
              G
She ain't no English rose
     Cadd9/G
But the blind singer
             G
He's seen enough and he knows
      F6
Yes and   he do a song
  Cadd9/G   G
About a long gone Irish girl
     F6   Cadd9/G   G
Ah but   I got one for you   Portobello belle

Verse 2

```
G                          Cadd9/G    G
She sees a man upon his back there
              Cadd9/G      G
Escaping from a sack there
              Cadd9/G   G
And bella donna lingers
                   Cadd9/G    G
Her gloves they got no fingers
                       Cadd9/G    G
Yeah, the blind man singing Irish
               Cadd9/G      G
He get his money in a tin dish
              Cadd9/G   G
Just a corner sere - nader
                       Cadd9/G              G
Upon a time he could have made her, made her
         Cadd9/G
Yeah she thinks she's tough
               G
She ain't no English rose
         Cadd9/G
But the blind singer

                  G
He's seen enough and he knows
         F6
Yes and   he do a song
Cadd9/G   G
About a long gone Irish girl
       F6                Cadd9/G            G
Ah but   I got one for you       Portobello belle
```

Verse 3

```
G                          Cadd9/G    G
Yes and the barrow boys are hawking
              Cadd9/G      G
And a parakeet is squawking
              Cadd9/G      G
Upon a truck there is a rhino
              Cadd9/G      G
She get the crying of a wino
                   Cadd9/G      G
And then she hear the reggae rumble
              Cadd9/G      G
Bella donna's in the jungle
              Cadd9/G      G
But she is no garden flower
                   Cadd9/G      G
There is no distress in the tower
```

cont.

Cadd⁹/G
Oh, Bella donna walks

G
Bella donna taking a stroll

Cadd⁹/G
She don't care about your window box

G
Or your button hole

       F⁶   **Cadd⁹/G** **G**
Yes and she   sing a song about a long gone Irish girl

    F⁶   **Cadd⁹/G**   **G**
Ah but   I got one for you   Portobello belle

Outro

‖: Cadd⁹/G | G | Cadd⁹/G | G |

| Cadd⁹/G | G | Cadd⁹/G | G   :‖   *Play 3 times to fade*

ROMEO AND JULIET

WORDS & MUSIC BY MARK KNOPFLER

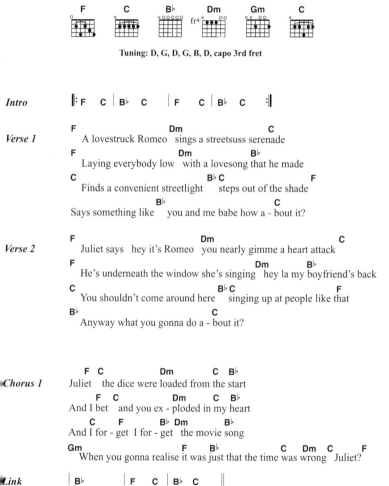

Tuning: D, G, D, G, B, D, capo 3rd fret

Intro
‖: F   C | B♭   C | F   C | B♭   C :‖

Verse 1
F   Dm   C
A lovestruck Romeo   sings a streetsuss serenade
F   Dm   B♭
Laying everybody low   with a lovesong that he made
C   B♭ C   F
Finds a convenient streetlight   steps out of the shade
B♭   C
Says something like   you and me babe how a - bout it?

Verse 2
F   Dm   C
Juliet says   hey it's Romeo   you nearly gimme a heart attack
F   Dm   B♭
He's underneath the window she's singing   hey la my boyfriend's back
C   B♭ C   F
You shouldn't come around here   singing up at people like that
B♭   C
Anyway what you gonna do a - bout it?

Chorus 1
    F   C   Dm   C B♭
Juliet   the dice were loaded from the start
    F   C   Dm   C B♭
And I bet   and you ex - ploded in my heart
    C   F   B♭ Dm   B♭
And I for - get I for - get   the movie song
Gm   F   B♭   C   Dm C   F
When you gonna realise it was just that the time was wrong   Juliet?

Link
| B♭ | F   C | B♭   C ‖

Verse 3

    F   Dm   C
Come up on different streets   they both were streets of shame

    F   Dm   Bb
Both dirty both mean yes and the dream was just the same

    C   Bb C   F
And I dreamed your dream for you and now your dream is real

    Bb   C
How can you look at me as if I was just another one of your deals?

Verse 4

                      F   C Dm   C
When you can fall for chains of silver,   you can fall for chains of gold

    F   Dm   Bb   C
You can fall for pretty strangers and the promises they hold

                            Bb C   F   Bb
You promised me everything   you promised me thick and thin

                                          C
Now you just say oh Romeo yeah you know I used to have a scene with h

Chorus 2

    F C   Dm   Bb
Juliet when we made love you used to cry

                F   C   Dm   Bb
You said I love you like the stars above I'll love you till I die

    C   F   Bb Dm   Bb
There's a place for us   you know the movie song

    Gm   F   Bb   C   Dm C
When you gonna realise it was just that the time was wrong Juli - et?

Link | Bb C | F | Bb C ||

Verse 5

    F   Dm   C
I can't do the talk   like they talk on TV

    F   Dm   Bb
And I can't do a love song   like the way it's meant to be

    C   Bb   C   F
I can't do everything but I'd do anything for you

    Bb   C
I can't do anything except be in love with you

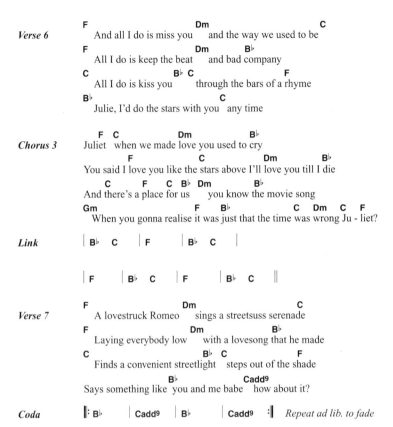

Verse 6

F   Dm   C
And all I do is miss you   and the way we used to be

F   Dm   B♭
All I do is keep the beat   and bad company

C   B♭ C   F
All I do is kiss you   through the bars of a rhyme

B♭   C
Julie, I'd do the stars with you any time

Chorus 3

    F C   Dm   B♭
Juliet when we made love you used to cry

        F   C   Dm   B♭
You said I love you like the stars above I'll love you till I die

      C   F   C B♭ Dm   B♭
And there's a place for us   you know the movie song

Gm   F   B♭   C Dm C F
When you gonna realise it was just that the time was wrong Ju - liet?

Link | B♭ C | F | B♭ C |

        | F | B♭ C | F | B♭ C ||

Verse 7

F   Dm   C
A lovestruck Romeo   sings a streetsuss serenade

F   Dm   B♭
Laying everybody low   with a lovesong that he made

C   B♭ C   F
Finds a convenient streetlight   steps out of the shade

                      B♭   Cadd9
Says something like you and me babe how about it?

Coda   ‖: B♭ | Cadd9 | B♭ | Cadd9 :‖ *Repeat ad lib. to fade*

RIDE ACROSS THE RIVER

Words & Music by Mark Knopfler

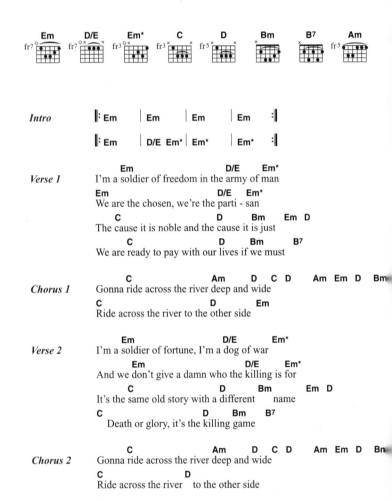

Intro

‖: Em | Em | Em | Em :‖

‖: Em | D/E Em* | Em* | Em* :‖

Verse 1

Em   D/E   Em*
I'm a soldier of freedom in the army of man
Em   D/E   Em*
We are the chosen, we're the parti - san
        C   D   Bm   Em D
The cause it is noble and the cause it is just
         C   D   Bm   B7
We are ready to pay with our lives if we must

Chorus 1

             C   Am   D C D   Am Em D   Bm
Gonna ride across the river deep and wide
C   D   Em
Ride across the river to the other side

Verse 2

             Em   D/E   Em*
I'm a soldier of fortune, I'm a dog of war
            Em   D/E   Em*
And we don't give a damn who the killing is for
          C   D   Bm   Em D
It's the same old story with a different   name
C   D   Bm   B7
    Death or glory, it's the killing game

Chorus 2

             C   Am   D C D   Am Em D   Bm
Gonna ride across the river deep and wide
C   D
Ride across the river   to the other side

Link 1 | Em | Em | Em | Em ‖

Solo ‖: Em | D/E Em* | Em* | Em* :‖

| C | D | Bm | Em D |

| C | D | Bm | B7 |

| C | Am D C | D | Am Em D | Bm |

| C | D | Em | Em |

| Em | Em ‖

Link 2 ‖: Em | Em | Em | Em :‖ *Play 4 times*

Verse 3
Em   D/E   Em*
Nothing gonna stop them as the day follows the night
    Em   D/E   Em*
Right becomes wrong, the left becomes the right
            C   D   Bm   Em D
And they sing as they march with their flags un - furled
            C   D   Bm   B7
To - day in the mountains, to - morrow the world

Chorus 3
            C   Am   D C D   Am Em D   Bm
Gonna ride across the river deep and wide
C   D   Em
Ride across the river to the other side

Chorus 4
            C   Am   D C D   Am Em D   Bm
Gonna ride across the river deep and wide
C   D
Ride across the river to the other side

Link 3 ‖: Em | Em | Em | Em :‖

Outro ‖: Em | Em | Em | Em :‖ *Play 20 times ad lib. to fade*

SETTING ME UP

Words & Music by Mark Knopfler

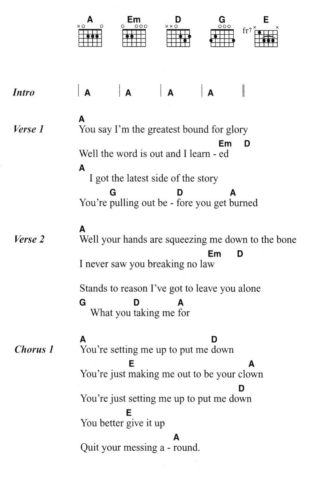

Intro | A | A | A | A   ‖

Verse 1

A
You say I'm the greatest bound for glory
                           Em   **D**
Well the word is out and I learn - ed
A
   I got the latest side of the story
    G   **D**   **A**
You're pulling out be - fore you get burned

Verse 2

A
Well your hands are squeezing me down to the bone
                          Em   **D**
I never saw you breaking no law

Stands to reason I've got to leave you alone
G   **D**   **A**
   What you taking me for

Chorus 1

A   **D**
You're setting me up to put me down
           E   **A**
You're just making me out to be your clown
                       D
You're just setting me up to put me down
    E
You better give it up
                A
Quit your messing a - round.

Solo ‖: A | A | A | Em D |

| A | A | G D | A   :‖

Verse 3

A
You think I care about your reaction

             Em   **D**
You think I don't under - stand

A
  All you wanted was a piece of the action

     G   **D**   **A**
Now you talk about an - other man

Chorus 2

A   **D**
You're setting me up to put me down

       E   **A**
You're just making me out to be your clown

                   D
You're setting me up yeah to put me down

    E
You better give it up

            A
Quit your messing a - round

Outro ‖: E | E | A | A   :‖

| E | E | A | A   ‖

97

SINGLE HANDED SAILOR

Words & Music by Mark Knopfler

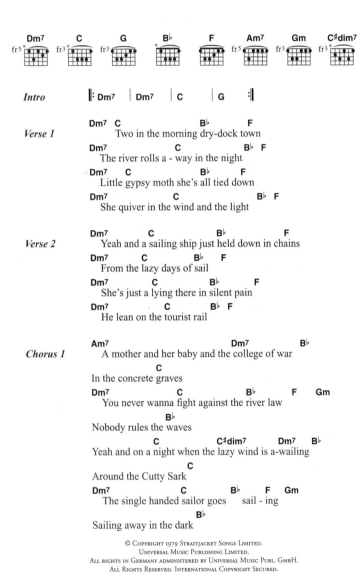

Intro ‖: Dm7 | Dm7 | C | G :‖

Verse 1

Dm7 C   B♭   F
    Two in the morning dry-dock town
Dm7   C   B♭ F
    The river rolls a - way in the night
Dm7   C   B♭   F
    Little gypsy moth she's all tied down
Dm7   C   B♭ F
    She quiver in the wind and the light

Verse 2

Dm7   C   B♭   F
    Yeah and a sailing ship just held down in chains
Dm7   C   B♭   F
    From the lazy days of sail
Dm7   C   B♭   F
    She's just a lying there in silent pain
Dm7   C   B♭ F
    He lean on the tourist rail

Chorus 1

Am7   Dm7   B♭
    A mother and her baby and the college of war
            C
In the concrete graves
Dm7   C   B♭   F   Gm
    You never wanna fight against the river law
            B♭
Nobody rules the waves
            C   C♯dim7   Dm7   B♭
Yeah and on a night when the lazy wind is a-wailing
            C
Around the Cutty Sark
Dm7   C   B♭   F   Gm
    The single handed sailor goes   sail - ing
            B♭
Sailing away in the dark

Link 1   ‖: Dm7 | Dm7 | C | G :‖

Verse 3

Dm7   C   B♭   F
  He's upon the bridge on the self same night

Dm7   C   B♭ F
  The mariner of dry dock land

Dm7   C   B♭   F
  Two in the morning, but there is one green light

Dm7   C   B♭ F
  And a man on a barge of sand

Chorus 2

Am7   Dm7   B♭
  She's gonna slip away be - low him

                 C
Away from the things he's done

    Dm7   C   B♭   F   Gm
But he just shouts 'Hey man, what do you call this thing'

             B♭
He could have said 'Pride of London'

   C   C♯dim7   Dm7   B♭
On a night when the lazy wind is a-wailing

               C
Around the Cutty Sark

    Dm7   C   B♭   F   Gm
Yeah the single handed sailor goes   sail - ing

             B♭
Sailing away in the dark

Link 2   ‖: Dm7 | Dm7 | C | G :‖

Solo   ‖: Dm7 | Dm7 | C | G :‖   *Play 10 times to fade*

SIX BLADE KNIFE

WORDS & MUSIC BY MARK KNOPFLER

Am   C   D   Dm   G

Intro ‖: Am | C D | Am | C D :‖ *Play 4 times*

Verse 1

     Am   C   D   Am C D Am
Your six blade knife   can do any - thing for you
C   D   Am   C D
    Any - thing you want it to
Am   C   D
    One blade for breaking my heart
Am   C   D
    One blade for tearing me a - part
     Am   C   D   Am C D
Your six blade knife – do any - thing for you

Verse 2

       Am   C   D   Am C D
You can take away my mind like you take away the top of a tin
         Am   C   D   Am C D
When you come up from behind and lay it down cold on my skin
    Am   C   D   Am
Took a stone from my   soul when I was lame
            C   D
Just so you could make me tame
    Am   C   D Am C D
You take away my mind like you take away the top of a tin

Bridge

| Dm | C | G | D |
I'd like to be free of it now – I don't want it no more

| Dm | C | G | D |
I'd like to be free of it now – you know I don't want it no more

Solo

‖: Am | C D | Am | C D :‖ *Play 4 times*

Verse 3

Am   C   D   Am C D
Every - body got a knife it can be just what you want it to be

Am   C   D   Am   C D
A needle a wife or something that you just can't see

Am   C   D   Am
You know it keeps you strong

C   D
Yes and it'll do me wrong

Am   C   D   Am C
Your six blade knife – do any - thing for you

D   Am   C D Am C D
(Do any - thing, any - thing for you)

Outro

‖: Am | C D | Am | C D :‖ *Play 7 times to fade*

SKATEAWAY

Words & Music by Mark Knopfler

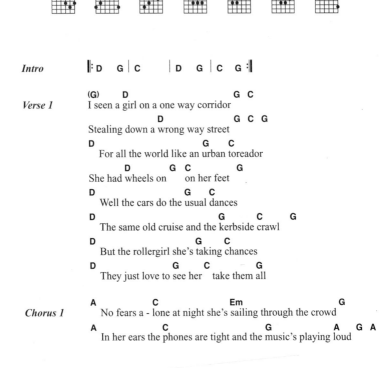

Intro ‖: D G │ C   │ D G │ C G :‖

Verse 1
(G)   D   G C
I seen a girl on a one way corridor

          D   G C G
Stealing down a wrong way street

D   G   C
   For all the world like an urban toreador

        D   G C   G
She had wheels on   on her feet

D   G   C
   Well the cars do the usual dances

D   G   C   G
   The same old cruise and the kerbside crawl

D   G   C
   But the rollergirl she's taking chances

D   G   C   G
   They just love to see her   take them all

Chorus 1
A   C   Em   G
No fears a - lone at night she's sailing through the crowd

A   C   G   A G A
In her ears the phones are tight and the music's playing loud

Verse 2

    D   G C   D   G C G
    Hallelujah,   here she comes Queen roller - ball

    D   G C   D   G C G
    Enchante   what can I say don't care at all

    D   G   C
    You know she used to have to wait around

                       D   G C G
She used to be the lonely one

    D   G C
    But now that she can   skate around town

    D   G C   G
    She's the on - ly   (on - ly) one

Chorus 2

    A   C   Em   G
    No fears a - lone at night she's sailing through the crowd

    A   C   D
    In her ears the phones are tight and the music's playing loud

Bridge 1

    C   D   G
    She gets rock n roll, a rock n roll station

    Em
    And a rock n roll dream

    C   Am   G/D
    She's making movies   on location

                    D
    She don't know what it means

         G
    But the music make her wanna be the story

         Em
    And the story was whatever was the song what it was

    C   Am   G/D
    Rollergirl   don't worry

                      D   Em D   C   G   A
    D.J. play the movies   all night long all night long

Verse 3

```
       D      G      C
       She tortures taxi drivers just for fun
       D                        G  C  G
       She like to read their lips
            D         G    C
       Says    Toro toro taxi   see ya tomorrow my son
       D                      G    C            G
       I swear she let a big truck   graze her hip
       D                  G              C
       She got her own world in the city
       D                G    C  G
       You can't intrude on her
       D         G    C
       She got her own world in the city
       D              G  C          G
       Cos the city's been so rude to her
```

Chorus 3

```
       A           C           Em              G
       No fear a - lone at night she's sailing through the crowd
       A           C                           D
       In her ears the phones are tight and the music's playing loud
```

Bridge 2

```
       C    D  G
       She gets rock n roll, and  a rock n roll station
       Em
       And a rock n roll dream
       C                 Am          G/D
       She's making movies    on location
                        D
       She don't know what it means
                G
       But the music make her wanna be the story
                Em
       And the story was whatever was the song what it was
       C        Am           G/D
       Rollergirl    don't worry
                     D    Em  D   C    G   A
       D.J. play the movies   all night long
```

Verse 4

D G C
         Come slippin and slidin

D G   C   G
  Life's a rollerball

D   G C
  Slippin and a slidin

D   G C   G
Skateaway   that's all

| **D**   **G** | **C** |

D   **G C G**
  Skateaway

D   **G   C   D**   **G C G**
  Shala, shalay, hey, hey, skateaway

       D   **G C   D G C G**
Now, shala, shalay, hey, hey

             D   **G C   D**   **G C G**
She's singing shala, shalay, hey, hey, skateaway

Outro   ‖: **D   G** | **C** | **D   G** | **C G** :‖ *Play 12 times to fade*

SO FAR AWAY

WORDS & MUSIC BY MARK KNOPFLER

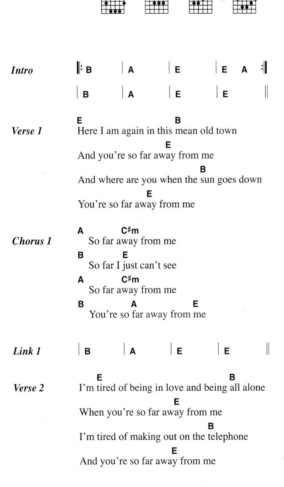

Intro

‖: B | A | E | E A :‖

| B | A | E | E ‖

Verse 1

  E   B
Here I am again in this mean old town
                          E
And you're so far away from me
                                B
And where are you when the sun goes down
                    E
You're so far away from me

Chorus 1

    A   C♯m
    So far away from me
  B   E
    So far I just can't see
  A   C♯m
    So far away from me
  B   A   E
    You're so far away from me

Link 1

| B | A | E | E ‖

Verse 2

         E   B
I'm tired of being in love and being all alone
                    E
When you're so far away from me
                            B
I'm tired of making out on the telephone
                E
And you're so far away from me

Chorus 2

```
A          C#m
  So far away from me
B          E
  So far I just can't see
A          C#m
  So far away from me
B          A              E
  You're so far away from me
```

Link 2

| B | A | E | E A |
| B | A | E | E ‖

Verse 3

```
E                    B
I get so tired when I have to explain
                  E
When you're so far away from me
                                    B
See you've been in the sun and I've been in the rain
                  E
And you're so far away from me
```

Chorus 3   As Chorus 2

Link 3

| B | A | E | E A | B | A |
```
E                              A
  You're so far away from me

B          A   E
  (You're so far _____)

Oh, you're so far away from me
```

Coda   ‖: B | A | E | E A :‖ *Ad lib. to fade*

SOUTHBOUND AGAIN

Words & Music by Mark Knopfler

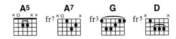

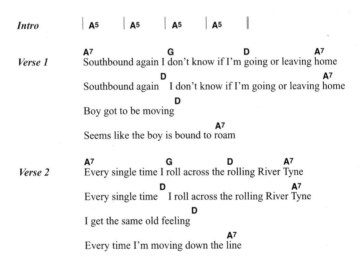

Intro | A⁵ | A⁵ | A⁵ | A⁵ ‖

Verse 1
A⁷   G   D   A⁷
Southbound again I don't know if I'm going or leaving home

           D   A⁷
Southbound again   I don't know if I'm going or leaving home

           D
Boy got to be moving

           A⁷
Seems like the boy is bound to roam

Verse 2
A⁷   G   D   A⁷
Every single time I roll across the rolling River Tyne

           D   A⁷
Every single time   I roll across the rolling River Tyne

           D
I get the same old feeling

           A⁷
Every time I'm moving down the line

Solo | A⁷ | A⁷ | G   D | A⁷ | A⁷ |

| A⁷ | D | D | A⁷ | A⁷ |

| A⁷ | D | D | A⁷ | A⁷   ‖

Link | A⁵ | A⁵ | A⁵ | A⁵   ‖

Verse 3

A⁷   **G**   **D**   **A⁷**
Southbound again   last night I felt like crying

                  D   **A⁷**
Southbound again   last night I felt like cry - ing

                  D
Right now I'm sick of living

                A⁷
But I'm going to keep on trying

Outro   ‖: A⁷ | A⁷ | A⁷ | A⁷   :‖   *Play 4 times to fade*

109

SOLID ROCK

WORDS & MUSIC BY MARK KNOPFLER

A5   D   G   C   A   Bm   Em

Intro   ‖: A5 | A5 | A5 | A5 :‖

Verse 1

      D
Well take a look at that
          G   **C**
I made a castle in the sand
      D
Saying this is where it's at you know
G   **C**
Couldn't under - stand now
D   **G**   **C**
If I realised that the chances were slim
      D   **G**   **C**   **G**
How come I'm so surprised when the tide rolled in

Chorus 1

A   **Bm G**
   I wanna live   on solid rock
A   **Bm G**
   I'm gonna live   on solid rock
A   **Bm**   **G**
   I wanna give, I don't wan - na be blocked
A5
   I'm gonna live on solid rock

Verse 2

      D
Well I'm sick of potential

  G   **C**
I'm sick of vani - ty now

    D   **G**   **C**
I'm sticking to essential   reali - ty now

D
I don't know what's worse

G   **C**
Try to make a silk purse

D   **G**   **C** **G**
Living an illusion   living in con - fu - sion

Bridge

 A   **Em**
  Well a house of cards

    A   **Em**
Was never built for shock

       A   **Em**   **A**
You could blow it down in any kind of weather

               Em **A**   **Em**
Now you take two so - lid rocks   two so - lid blocks

G
  You know they're gonna stick

                  A
Yeah they're gonna stick to - gether

Solo

| A Bm | G | A Bm | G |

| A Bm | G | A | A   ‖

Verse 3

(A)   **D**
Because the heart that you break

       G   **C**
That's the one that you re - ly on

   D
The bed that you make

      G   **C**
That's the one you gotta lie on

D   **G**   **C**
When you point your finger cos your plan fell through

     D   **G**   **C** **G**
You got three more fingers pointing back at you

Chorus 3

A   Bm G
I wanna live   on solid rock

A   Bm G
I'm gonna live   on solid rock

A   Bm   G
I wanna live I don't wan - na be blocked

A5
I'm gonna live on solid

Outro

   A   Bm G
‖: Rock, rock,   solid rock

A   Bm G
Rock, rock,   solid rock

A   Bm   G
I wanna live I don't wan - na be blocked

A5
I'm gonna live on solid :‖ *Play 3 times ad lib.*

‖: A Bm | G | A Bm | G |

| A Bm | G | A | A   :‖ *Repeat to fade*

SULTANS OF SWING

Words & Music by Mark Knopfler

Intro ‖: Dm | Dm | Dm | Dm :‖

Verse 1

     Dm
You get a shiver in the dark

   C   **B♭**   **A**
It's raining in the park but meantime

Dm   **C**   **B♭**   **A**
  South of the river you stop and you hold everything

F   **C**
  A band is blowing Dixie double four time

B♭   **Dm** **B♭** **C**
  You feel alright when you hear that music ring

Verse 2

     Dm   **C**   **B♭**   **A**
You step inside but you don't see too many faces

Dm   **C**   **B♭**   **A**
  Coming in out of the rain to hear the jazz go down

F   **C**
  Competition in other places

B♭   **Dm** **B♭**
  But the horns they're blowing that sound

C   **B♭** **C**   **Dm**   **C B♭ C**
 Way on downsouth way on downsouth London town

Link 1 | Dm C | B♭ | C | C ‖

Verse 3

     Dm   **C B♭**   **A**
You check out Guitar George he knows all the chords

Dm   **C**   **B♭** **A**
  Mind he's strictly rhythm he doesn't want to make it cry or sing

F   **C**
  And an old guitar is all he can afford

B♭   **Dm** **B♭ C**
  When he gets up under the lights to play his thing

Verse 4

```
Dm                     C    B♭          A
    And Harry doesn't mind if he doesn't   make the scene
Dm                     C         B♭        A
    He's got a day-time job, he's doing al - right
F                                  C
    He can play the honky-tonk just like anything
B♭                              Dm   B♭  C
    Saving it up for Friday night
                    B♭  C                      Dm   C   B♭  C
With the Sultans        with the Sultans of Swing
```

Link 2

```
| Dm  C | B♭      | C      | C        ‖
```

Verse 5

```
            Dm                    C         B♭         A
And a crowd of young boys they're fooling a - round in the corner
Dm                            C            B♭                      A
    Drunk and dressed in their best brown baggies and their platform so
F                              C
    They don't give a damn about any trumpet playing band
B♭                          Dm       B♭
    It ain't what they call rock and roll
C                    B♭  C                Dm    C   B♭  C
    And the Sultans      the Sultans played Creole
```

Link 3

```
| Dm  C | B♭      | C      | C        ‖
```

Guitar solo 1

```
‖: Dm    | C   B♭ | A      | A        :‖
| F      | F      | C      | C        |
| B♭     | B♭     | Dm     | Dm   B♭  |
| C      | C   B♭ | C      | C        |
‖: Dm  C | B♭     | C      | C        :‖
```

Verse 6

Dm   C   B♭   A
And then the man he steps right up to the microphone
Dm   C   B♭   A
And says at last just as the time bell rings
F   C
'Thank you goodnight, now it's time to go home'
B♭   Dm   B♭
And he makes fast with one more thing
C   B♭ C   Dm C B♭ C
'We are the Sultans   we are the Sultans of Swing'

Link 4 | Dm C | B♭ | C | C ||

Guitar solo 2 ‖: Dm C | B♭ | C | C   :‖ *Play 8 times to fade*

TELEGRAPH ROAD

WORDS & MUSIC BY MARK KNOPFLER

Dm7	B♭	Gm7	Dm	Cadd9	Am	D5	G/D
D	F	C	G	Gm/D	Csus4	Fadd9	Dm9
B♭%	B♭/D	B♭/A	Gm	Am	A7♯5	A7	Em7♭5
Csus²⁴	C/E	Fsus4	Gm11	F/A	C/B♭	A/D	C/D
B♭/F	C/F	Gsus4	Dsus4	Dm11	Fmaj7	F6	Csus2

Intro | Dm7 | B♭ | Gm7 | Gm7 |

| Dm | Cadd9 | Am | Dm |

| Dm | Dm | Dm | Dm |

| Dm | Dm | Dm ‖

‖: D5 | Dm7 | G/D | D :‖   *Play 3 times*

| D5 | F   C | G | D |

| D5 | Gm/D | Csus4 | C ‖

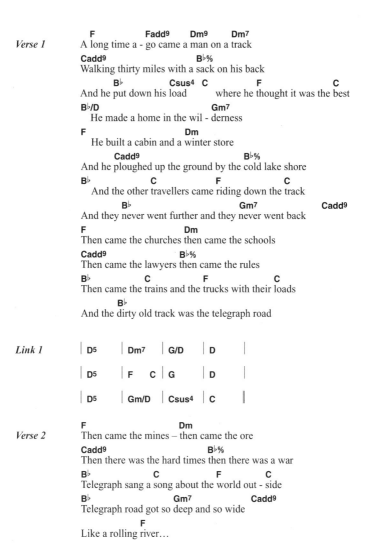

Verse 1

    F   **Fadd9**   **Dm9**   **Dm7**
A long time a - go came a man on a track
Cadd9   **B♭%**
Walking thirty miles with a sack on his back
       B♭   **Csus4** **C**   **F**   **C**
And he put down his load   where he thought it was the best
B♭/D   **Gm7**
   He made a home in the wil - derness
F   **Dm**
   He built a cabin and a winter store
      Cadd9   **B♭%**
And he ploughed up the ground by the cold lake shore
B♭   **C**   **F**   **C**
   And the other travellers came riding down the track
      B♭   **Gm7**   **Cadd9**
And they never went further and they never went back
F   **Dm**
Then came the churches then came the schools
Cadd9   **B♭%**
Then came the lawyers then came the rules
B♭   **C**   **F**   **C**
Then came the trains and the trucks with their loads
      B♭
And the dirty old track was the telegraph road

Link 1

D5	**Dm7**	**G/D**	**D**	
D5	**F** **C**	**G**	**D**	
D5	**Gm/D**	**Csus4**	**C**	

Verse 2

F   **Dm**
Then came the mines – then came the ore
Cadd9   **B♭%**
Then there was the hard times then there was a war
B♭   **C**   **F**   **C**
Telegraph sang a song about the world out - side
B♭   **Gm7**   **Cadd9**
Telegraph road got so deep and so wide
           F
Like a rolling river…

Solos

| F | Dm | C | B♭   F |
| (river) | | | |

B♭ C	F C	B♭	Gm
Gm B♭ B♭/A F		Dm	C
B♭ F	B♭ C	F C	B♭
Gm	Gm B♭ B♭/A F		Dm
C	B♭ F	B♭ C	F C
B♭	B♭	‖	

Link 2

| Dm | Dm7 | G | D |
| Dm | F   C | G | D ‖ |

Bridge

(D)   Gm
And my radio says tonight it's gonna freeze

Dm
People driving home from the factories

C
There's six lanes of traffic

Am   Dm   Cadd9   C
Three lanes moving slow…

Interlude

Dm	A7♯5 A7	B♭ Em7♭5	Csus²⁄₄ F C/E
Gm C B♭	Fsus4 F	Gm11 F/A	B♭%
‖: Dm	A7♯5 A7	B♭ Em7♭5	Cadd9 F
Gm C/B♭	Fsus4 F	Gm11 F/A	B♭% A7
Dm	A/D	B♭/D C/E	C/E Fsus4
B♭/F C/F	Fsus4 F	Gsus4 Gm F/A	B♭ A7
Dsus4	Dsus4	Cadd9	Cadd9

118

Verse 3

(Cadd9) F   Dm
I used to like to go to work but they shut it down

               Cadd9   Bb%
I've got a right to go to work, but there's no work here to be found

        Bb   C   F   C
Yes and they say we're gonna have to pay what's owed

        Bb   Gm7   Cadd9
We're gonna have to reap from some seed that's been sowed

      F   Dm
And the birds up on the wires and the telegraph poles

         Cadd9   Bb%
They can always fly away from this rain and this cold

        Bb   C   F   C
You can hear them singing out their telegraph code

        Bb
All the way down the telegraph road

Link 3

‖: D5 | Dm7 | G/D | D |

| D5 | F C | G | D   :‖

Verse 4

(D)   Dm11
   You know I'd sooner forget but I remember those nights

       C   Bb
When life was just a bet on a race   between the lights

      F   Bb   C   F   C
You had your head on my shoulder, you had your hand in my hair

      Bb   Gm7
Now you act a little colder like you don't seem to care…

      F   Dm
But be - lieve in me baby and I'll take you away

      Cadd9   Bb%
From out of this darkness and into the day

        Bb   C   F   C   F
From these rivers of head - lights these rivers of rain

        Bb   C F   C   F
From the anger that lives on the streets with these names

             B♭   **C**   **F**   **C**   **F**
'Cos I've run every red light   on memory lane

          B♭   **C**   **F**   **C**   **F B♭**
I've seen desperation   ex - plode into flames

             C   **F**   **C**
And I don't wanna see it a - gain…

         Am   **Dm**
From all of these signs saying sorry but we're closed

         B♭ | **F Fmaj7** | **F6 F** | **B♭ Csus2** | **B♭**
All the way   down the telegraph road

Guitar solo   ‖: **D5** | **Dm7** | **G/D** | **D** |

                 | **D5** | **F C** | **G** | **D** :‖ *Play 6 times*

                 ‖: **Dm** | **F** | **G** | **D** |

                 | **Dm** | **F C** | **G** | **D** :‖ *Play 13 times to fade*

TICKET TO HEAVEN

Words & Music by Mark Knopfler

D	Bm	G	A7

Intro ‖: D | Bm | G | A7 :‖ D | D ‖

Verse 1

D
   I can see what you're looking to find
               A7
In the smile on my face
G   **A7**
  In my peace of mind
     G   **D**
In my   state of grace

I send what I can
                 A7
To the man from the mini - stry
G   **A7**
   He's a part of heaven's plan
         D
And he talks to me

Verse 2

D
Now I send what I can to the man
           A7
With the diamond ring
G   **A7**
  He's a part of heaven's plan
G   **D**
  And he sure can sing

Now it's all I can afford
                  A7
But the Lord has sent me eterni - ty
G   **A7**
  It's to save the little children
       D
In a poor coun - try

Chorus 1

D
I got my ticket to heaven

           A7
And everlasting life

G   **A7** **G**   **D**
  I got a ride all the way   to para - dise

I got my ticket to heaven

            A7
And everlasting life

G   **A7**   **D**
  All the way to para - dise

Solo

D	**D**	**A7**	**A7**	
G	**A7**	**G**	**D**	**D**
D	**D**	**A7**	**A7**	
G	**A7**	**D**	**D**	

Verse 3

D
Now there's nothing left for luxuries

                    A7
Nothing left to pay my heating bill

G   **A7**
  But the good Lord will provide

G   **D**
  I know he will

So send what you can

                  A7
To the man with the diamond ring

G   **A7**
  They're tuning in across the land

      D
To hear him sing

Chorus 2

D
I got my ticket to heaven

           A7
And everlasting life

G   **A7** **G**   **D**
  I got a ride all the way   to para - dise

I got my ticket to heaven

           A7
And everlasting life

G   **A7**   **D**   **Bm**
  All the way to para - dise

G   **A7**   **D**   **Bm**
  All the way to para - dise

Outro | **G** | **A7** | **D** | **Bm** |

              | **G** | **A7** | **D** | **D** | **D**   ‖

TUNNEL OF LOVE

Words & Music by Mark Knopfler

Dm   C   B♭   F   Gm   Am

Intro   **Keyboards play 'The Carousel Waltz' theme (Rodgers/Hammerstein II)**

| Dm | Dm C | Dm | B♭   C |

| Dm | F   C | Dm ||

Verse 1

B♭   C   Dm   F   C
   Getting crazy on the waltzers   but it's the life that I choose

Gm   Dm
Sing about the six-blade sing about the switchback   and a torture tattoo

      C   Dm   F   C
And I been riding on a ghost train where the cars they scream and slam

                Gm   Dm
And I don't know where I'll be tonight but I'd always tell you where I am

Verse 2

      C   Dm   F   C
In a screaming ring of faces   I seen her standing in the light

           Gm   Dm
She had a ticket for the races just like me she was a victim of the night

      C   Dm   F   C
I put my hand upon the lever   said let it rock and let it roll

          Gm   Dm
I had the one-arm bandit fever there was an arrow through my heart and my s

Chorus 1
                              B♭   C   F   B♭
And the big wheel keep on   turning   neon burning up above
               F
And I'm just high on the world
       Am   C   Dm   B♭
Come on and take a low ride with me girl
        Dm   F   C   Dm   B♭
On the tunnel of love

Verse 3
    C   Dm   F   C
  It's just the danger   when you're riding at your own risk
                                 Gm   Dm
She said you are the perfect stranger she said baby let's keep it like this
C   Dm   F   C
  It's just a cakewalk twisting baby step right up and say
Gm   Dm
  Hey mister give me two give me two now cos any two can play

Chorus 2   As Chorus 1

Bridge 1
  C   Gm   B♭
  Well it's been money for muscle another whirligig
Gm   B♭
  Money for muscle another girl I dig
Gm   B♭
  Another hustle   just to make it big
      C
And rockaway rockaway

Bridge 2
     F   C   Dm
Oh girl it looks so pretty to me just like it always did
B♭ C   F   B♭
  Like the spanish city to me   when we were kids
C   F   C   Dm
  Oh girl it looks so pretty to me just like it always did
B♭ C   F   B♭   C
  Like the spanish city to me   when we were kids

Solo   ‖: F | F   C | Dm | Dm B♭ | C | C   F |
                | B♭ | B♭ C :‖ Dm | F   C | Dm   ‖

Verse 4

    B♭   C   Dm   F   C
She took off a silver locket   she said remember me by this

                           Gm   Dm
She put her hand in my pocket I got a keepsake and a kiss

              C   Dm   F   C
And in the roar of dust and diesel I stood and watched her walk away

Gm
   I could have caught up with her easy enough

      Dm
but something must have made me stay

Chorus 3

                       B♭   C   F   B♭
And the big wheel keep on turning neon burning up a - bove

                F
And I'm just high on the world

       Am   C   Dm   B♭
Come on and take a low ride with me girl

       Dm   F C Dm B♭
On the tunnel of love (yeah love)

C   Dm   F   C Dm   B♭
  On the tunnel of love (oh love love)

Bridge 3

C   Gm
  And now I'm searching through

                  B♭
These carousels and the carnival arcades

Gm   B♭
Searching everywhere from steeple - chase to palisades

   Gm   B♭
In any shooting gallery where promises are made

  C
To rockaway rockaway rockaway

From cullercoats and whitley bay out to rockaway

Bridge 4

       F   C Dm
And girl it looks so pretty to me   just like it always did

B♭ C   F B♭   C
  Like the spanish city to me   when we were kids

F   C Dm   B♭
Girl it looks so pretty to me   like it always did

C   F   B♭   C
Like the spanish city to me when we were kids

Solo/coda ‖: F | F   C | Dm | Dm B♭ | C | C   F |

             | B♭ | B♭ C :‖ *Repeat to fade*

TWISTING BY THE POOL

Words & Music by Mark Knopfler

A	D	E	F#m	Bm	B	C#m

Intro | (A) | (A) | (A) | (A) . ||

Verse 1

A
    We're going on a holiday now
D   E
Gonna take a villa, a small chalet
A
On the Costa del Magnifico
         D   E
Where the cost of living is so low

Pre-chorus 1

D   E
  We're gonna be so neat
        D   E
Dance   to the Eurobeat
        D   E
Yeah   we're gonna be so cool

Twisting by the

Twisting by the

Chorus 1

        A   F#m
{ By the pool,   twisting by the
{   (Twisting by the pool)
      A   F#m
{ Pool,   twisting by the
{(Twisting by the pool)
    A   D   A
{ Pool,   twisting, twisting by the pool
{(Twisting by the pool) _____

Verse 2

A
Sitting in a small café now
D   **E**
Swing, swing, swinging to the cabaret
A
You wanna see a movie, take in a show now
D   **E**
Meet new people at the disco

Pre-chorus 2

D   **E**
We're gonna be so neat
        D   **E**
Dance   to the Eurobeat
       D   **E**
Yeah   we're gonna be so cool

Twisting by the

Twisting by the

Chorus 2

      A   **F♯m**
{ By the pool,   twisting by the
{   (Twisting by the pool)
   A   **F♯m**
{ Pool,   twisting by the
{ (Twisting by the pool)
   A   **D**   **A**
{   Yeah, twisting, twisting by the pool
{ (Twisting by the pool) _____

Middle

Bm
And we can still get information
F♯m
Reading all about inflation
Bm   **B**
And you're never gonna be out of reach
E
There's a call box on the beach

Solo

| A | A | D | E | A | A | D | E |
| D | E | D | E | D | E | E | E |

128

Chorus 3   { We're just-a,   I'm a twisting

                          A   **F♯m**

Chords above: **A** — We're just-a,   **F♯m** — I'm a twisting
((Twisting by the pool)

  A   **F♯m**
{ Fool,   you got me twisting by the
((Twisting by the   pool)

  A   **D**   **A**
{ Pool   yeah,   twisting, twisting by the pool
((Twisting by the pool _____

         A   **C♯m**
Verse 3   Mmm, you're gonna look so cute

         D   **E**
           Sunglasses and bathing suit

         A   **C♯m**
           Be the baby of my dreams

         D   **E**
           Like the ladies in the magazines

          D   **E**
Pre-chorus 3   We're gonna be so neat

              D   **E**
         Dance   to the Eurobeat

            D   **E**
         Yeah   we're gonna be so cool

         Twisting by the

         Twisting by the

Chorus 4   As Chorus 3

Chorus 5   As Chorus 3 (*ad lib.*)

Link | **N.C.** | **N.C.** | **(A)** | **(E)** ‖

Chorus 6   ‖: As Chorus 3 :‖

Link | **N.C.** | **N.C.** | **(E)** | **(E)** ‖

Chorus 7   As Chorus 3

TWO YOUNG LOVERS

WORDS & MUSIC BY MARK KNOPFLER

G   C   D

Intro | G | G | C | C |

| D | D | G | D   ‖

Verse 1

(D)   **G**
It was the last day of summer
              C
It was the first of a new romance
        D
He walked into her on the corner
C   **G**   **D**
She said 'I don't dance'
G
    He said 'Baby let me teach you'
C
She said 'Ok when?'
D
He said 'How can I reach you baby?
        C   **G**
I'd really like to see you a - gain'

Link 1 | G | G | C | C |

| D | D | G | D   ‖

Verse 2

G
Picked her up on a Friday night

C
Took her for a bite to eat

D
His heart was a-beating and his hands were shaking

C   G   D
She thought he was sweet

G
And he stood on her shoes on the dance floor

C
When they were doing it cheek-to-cheek

D
And he walked her home and he kissed her

C   G
He was walking on air all week

Link 2   As Link 1

Verse 3

G
Well, they couldn't stand to be apart

C
They couldn't leave one another alone

D
Her mama used to say 'It's getting late sweetheart

C   G   D
It's time that boy went home'

G
And upstairs papa kissed mama

C
And she gave him a sweet caress

D
He said 'Here's to the two young lovers

C   G
Let's wish 'em every happi - ness'

Link 3   As Link 1

Verse 4

    (D)   G
It was the last day of summer

              C
They came a - walking home a-hand in hand

D
   They went and told her mama

       C   G   D
They showed her the wedding band

G
Mama cried and poured the wine

C
Papa just said 'God bless'

      D
Now here's to the two young lovers

     C   G
Let's wish 'em every happi - ness

Link 4

|‖: G | G | C | C |
| D | D | G | D :‖

Sax. solo

|‖: G | G | C | C |
| D | D | G | D :‖ *Play 4 times*

Outro

| G | G | C | C |
| D | D | G | G ‖

WATER OF LOVE

Words & Music by Mark Knopfler

Capo 5th Fret

Intro	| A	| A	| G	| G	|
	| D	| D	| E	| G .	|
	| A	| A	| G	| G	|
	| D	| D	| A	| A	||

Verse 1

A
High and dry in the long hot day

Lost and lonely every way

       Em
Got the flats all around me sky up above
A
  I need a little water of love

Verse 2

A
I've been too long lonely and my heart feels pain

Crying out for some soothing rain
Em
  I believe I have taken enough
A
  I need a little water of love

Chorus 1

Em
Water of love deep in the ground

        D   **A**
(But there ain't) no water here to be found

Em
Some day baby when the river runs free

   D   **A**
It'll carry that water of love to me

Link 1

| A | A | G | G | |
| D | D | E | G | ‖

Verse 3

(G)   **A**
There's a bird up in a tree, sitting up high

Waiting for me to die

Em
   If I don't get some water soon

     A
I'll be dead and gone in the afternoon

Chorus 2   As Chorus 1

Link 2   As Link 1

Verse 4

A
Once I had a woman I could call my own

Once I had a woman now my woman is gone

Em
Once there was a river now there's a stone

A
   You know it's evil when you're living alone

Chorus 3

Em
Water of love deep in the ground
       D   **A**
(But there ain't) no water here to be found
Em
Some day baby when the river runs free
       D   **A**
It's gonna carry that water of love to me
Em
Water of love deep in the ground
       D   **A**
(But there ain't) no water here to be found
Em
Some day baby when the river runs free
       D   **A**
It's gonna carry that water of love to me

Outro

‖: **A** | **A** | **G** | **G** |

| **D** | **D** | **E** | **G**   :‖   *Play 3 times to fade*

WALK OF LIFE

Words & Music by Mark Knopfler

Intro

| (E) | (A) | (B) | (A) (B) |

|: E | A | B | A B :| *Play 4 times*

Verse 1

E
Here comes Johnny singing oldies, goldies

Be-Bop-A-Lula, Baby What I Say

Here comes Johnny singing I Gotta Woman

Down in the tunnels, trying to make it pay
A
    He got the action, he got the motion
E
    Yeah the boy can play
A
    Dedication devotion
E
Turning all the night time into the day

Chorus 1

            E   B
He do the song about the sweet lovin' woman
            E   A
He do the song about the knife
            E   B   A
He do the walk,   he do the walk of life
B
Yeah, he do the walk of (life)

Link

| E | A | B | A B ||
life

Verse 2

E
Here comes Johnny and he'll tell you the story

Hand me down my walkin' shoes

Here come Johnny with the power and the glory

Backbeat the talkin' blues
A
   He got the action, he got the motion
E
   Yeah the boy can play
A
   Dedication devotion
E
Turning all the night time into the day

Chorus 2

          E   B
He do the song about the sweet lovin' woman
          E   A
He do the song about the knife
          E   B   A
He do the walk,   he do the walk of life
B
Yeah, he do the walk of (life)

Link

‖: E | A | B | A B :‖
  life.

Verse 3   As Verse 1

Pre-chorus 3   As Pre-chorus 1

Chorus 3

    E   B
And after all the violence and double talk
          E   A
There's just a song in all the trouble and the strife
          E   B   A
You do the walk,   you do the walk of life
B
You do the walk of (life)

Coda

‖: E | A | B | A B :‖   *Repeat to fade*
  life

WHEN IT COMES TO YOU

Words & Music by Mark Knopfler

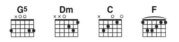

Intro   ‖: G5 | G5 | Dm | G5   :‖

Verse 1
G5
If we can't get along we oughtta be apart
          Dm   G5
And I'm wondering where'd you get that cold, cold heart

Set me free – sign my release
          Dm   G5
I'm tired of being the villain of the piece

Chorus 1
(G5)   C
You been givin' me a bad time
                    G5
Tell me what'd I do

How come I always get a hard time
F   G5
Honey when it comes to you
          C   G5
Sayin' things that you didn't have to

How come I always get a hard time
F   G5
Honey when it comes to you

Verse 2
G5
You only get one life – this I know
          Dm   G5
I wanna get my licks in now before I go

The fire of love is dead and cold
          Dm   G5
I gotta satisfy the hunger in my soul

Chorus 2   As Chorus 1

Solo   ‖: G5 | G5 | Dm | G5 :‖

‖: C | G5 | G5 F | G5 :‖

G5
Verse 3   If we can't get along we oughtta be apart
              Dm   G5
              And I'm wondering where'd you get that cold, cold heart

              Set me free – sign my release
              Dm   G5
              I'm tired of being the villain of the piece

(G5)
Chorus 3   You been giving me a bad time
               G5
               Tell me what'd I do
               C   G5
               How come I always get a hard time
               F
               Honey when it comes to you
               C   G5
               Sayin' things that you didn't have to

               How come I always get a hard time
               F   G5
               Honey when it comes to you

               How come I always get a hard time
               F   G5
               Honey when it comes to you

               How come I always get a hard time
               F   G5
               Honey when it comes to you

Outro   ‖: G5 F | G5 | G5 F | G5 :‖   *Play 8 times to fade*

WHERE DO YOU THINK YOU'RE GOING?

WORDS & MUSIC BY MARK KNOPFLER

Am   F   G   E7sus4   Dm

Intro | Am | F | G | E7sus4 ||

Verse 1

Am
Where d'ya think you're going

F
Don't you know it's dark outside

G
Where d'ya think you're going

E7sus4
Don't you care about my pride

Am
Where d'ya think you're going

F
I think a you don't know

G
You got no way of knowing

E7sus4
There's really no place you can go

Link | Am | F | Dm | F ||

Verse 2

Am
I understand your changes

F
A-long before you reach the door

G
I know where you think you're going you

E7sus4
I know what you came here for

cont.

Am
  And now I'm sick of joking
F
    You know I like you to be free
G
  A-where d'ya think you're going
E7sus4   **Am** | F | Dm | F   ‖
  I think you better go with me girl

Middle

G
  You say there is no reason
       Am
But you still find cause to doubt me
G
  If you ain't with me girl
E7sus4   **Am** | F | Dm | F   ‖
  You're gonna be without me

Verse 3

Am
  Where d'ya think you're going
F
  Don't you know it's dark outside
G
  Where d'ya think you're going
  E7sus4
I wish I didn't care about my pride
Am
  And now I'm sick of joking
F
  You know I like you to be free
G
  A-where do you think ya going
E7sus4   **Am** | F | Dm | F   ‖
  I think you better go with me girl

Coda   ‖: Am | Am | F | F |

           | Dm | Dm | F | F G :‖ *Repeat to fade*

WHY WORRY

WORDS & MUSIC BY MARK KNOPFLER

Chord diagrams: E | B7 | A | F#/A# | B | C#m7 (fr4) | B7* (fr7) | C#m (fr4)

Intro

|| : E | B7 | E | B7 |
| E | A F#/A# | B C#m7 | B7* : ||

|| : E | A B | E | A B C#m B : ||

| A B C#m B | A B C#m | C#m | B |

| B ||

Verse 1

E   B7   E   B7
Baby   I see this world has made you sad

                   E   A
Some people can be bad

            F#/A#   B   C#m7 B7*
The things they do, the things they say

E   B7   E   B7
But baby   I'll wipe away those bitter tears

                   E   A
I'll chase away those restless fears

        F#/A#   B   C#m7 B7*
That turn your blue skies into grey

Chorus 1

(B7*) E   A   B   E   A
Why worry,   there should be laughter after pain

                  B   E   A
There should be sunshine after rain

                  B   E   A
These things have always been the same

      B   E   A
So why worry now

      B   E   A B
Why worry now

Link 1

| E | A B C♯m B | E | A   B |

| E | A B C♯m B | A B C♯m B | A   B C♯m |

| C♯m | B | B   ‖

Verse 2

E   B7   E   B7
Baby,   when I get down I turn to you

                        E   A
And you make sense of what I do

      F♯/A♯   B   C♯m7 B7*
I know it isn't hard to say

    E   B7   E   B7
But baby,   just when this world seems mean and cold

                        E   A
Our love comes shining red and gold

       F♯/A♯   B   C♯m7 B7*
And all the rest is by the way

Chorus 2   As Chorus 1

Link 2   As Link 1

Outro

| B | B   ‖

‖: B | B | A | A   :‖ *Play 21 times*

| B   ‖

WILD WEST END

Words & Music by Mark Knopfler

D	Em7	G	Am	F	C	D*	Dadd9

Intro | D | Em7 G | D | Em7 G |

| D | Em7 G | D | Em7 G ‖

Verse 1

D   Em7   G
Stepping out to Angelucci's   for my coffee beans

D   Em7   G
Checking out the movies and the   magazines

D   Em7   G
Waitress she watches me crossing from the Barocco Bar

D   Em7   G
I'm getting a pickup   for my steel guitar

            D   Em7   G
I saw you   walking out   Shaftesbury Avenue

D   Em7   G
Excuse me talking I wanna   marry you

D   Em7
This is seventh heaven street to me

                              G
Don't you be so proud

D   Em7   G
You're just another angel   in the crowd

Chorus

                    D   Em7   G
And I'm walking in the wild west end

D   Em7   G
Walking in the wild west end

D   Em7   G
Walking with your wild best friend

| Am   G F | D C D |

144

Verse 2

         D
And my con - ductress on the number nineteen

    Em7   **G**
She was a honey

D   **Em7**   **G**
  Pink toenails and hands all   dirty with money

D   **Em7** **G**
  Greasy, (greasy, greasy) hair   easy smile

D   **Em7** **G**
  (She) made me feel nineteen   for a while

D   **Em7** **G**
  And I went down   to Chinatown

D
  In the backroom it's a man's world

Em7   **G**
  All the money go down

D   **Em7**   **G**
  Duck inside the doorway   (gotta) duck to eat

D
  Just ain't no way

Em7   **G**
You and me we can't beat

Chorus 2   As Chorus 1

Verse 3

        D   **Em7** **G**
And a   a gogo dancing girl   yes I saw her

D   **Em7**   **G**
  The deejay he say   here's Mandy for ya

D   **Em7**
  I feel alright to see her

                 G
(But she's paid to) do that stuff

D
  She's dancing high I move on by

     Em7
The close ups can get rough

When you're

Chorus 3   As Chorus 1 *ad lib*

Ending | **Am**   **G** **F** | **D** **C** **D** |

          | **Am**   **G** **F** | **Dadd9** |

YOU AND YOUR FRIEND

WORDS & MUSIC BY MARK KNOPFLER

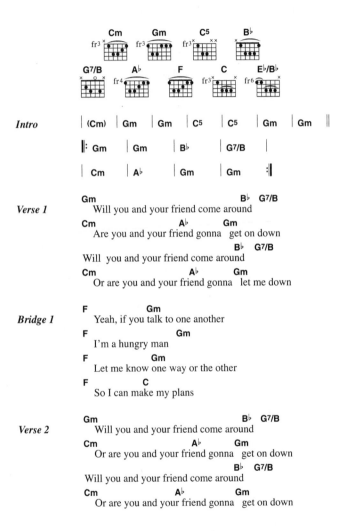

Intro

| (Cm) | Gm | Gm | C5 | C5 | Gm | Gm ||

‖: Gm | Gm | B♭ | G7/B |

| Cm | A♭ | Gm | Gm :‖

Verse 1

Gm   B♭ G7/B
Will you and your friend come around

Cm   A♭   Gm
Are you and your friend gonna   get on down

                                  B♭ G7/B
Will you and your friend come around

Cm   A♭   Gm
Or are you and your friend gonna   let me down

Bridge 1

F   Gm
Yeah, if you talk to one another

F   Gm
I'm a hungry man

F   Gm
Let me know one way or the other

F   C
So I can make my plans

Verse 2

Gm   B♭ G7/B
Will you and your friend come around

Cm   A♭   Gm
Or are you and your friend gonna   get on down

                                  B♭ G7/B
Will you and your friend come around

Cm   A♭   Gm
Or are you and your friend gonna   get on down

	F Gm
Bridge 2	I relive the situation
	F Gm
	Still see it in my mind
	F Gm
	You got my imagination
	F C
	Working overtime

Link | E♭/B♭ | E♭/B♭ | C | C |

Solo   ‖: Gm | Gm | B♭ | G7/B |
          | Cm | A♭ | Gm | Gm   :‖   *Play 6 times to fade*

YOUR LATEST TRICK

WORDS & MUSIC BY MARK KNOPFLER

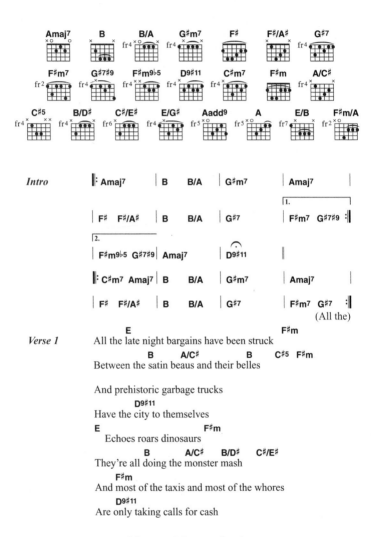

Intro

‖: Amaj7 | B B/A | G♯m7 | Amaj7 |

| F♯ F♯/A♯ | B B/A | G♯7 | **1.** F♯m7 G♯7♯9 :‖

2. | F♯m9♭5 G♯7♯9 | Amaj7 | D9♯11 | ‖

‖: C♯m7 Amaj7 | B B/A | G♯m7 | Amaj7 |

| F♯ F♯/A♯ | B B/A | G♯7 | F♯m7 G♯7 :‖

(All the)

Verse 1

         E   F♯m
All the late night bargains have been struck

                    B   A/C♯   B   C♯5 F♯m
Between the satin beaus and their belles

And prehistoric garbage trucks
           D9♯11
Have the city to themselves
E   F♯m
  Echoes roars dinosaurs
             B   A/C♯   B/D♯   C♯/E♯
They're all doing the monster mash
          F♯m
And most of the taxis and most of the whores
         D9♯11
Are only taking calls for cash

Chorus 2

```
Amaj7                        B           B/A
    I don't know how it happened
    E/G♯            Aadd9     A
It all took place so quick
      E/B      E/G♯ F♯m/A  B        A/C♯  B/D♯
But all I can do          is hand it to   you
```

And your latest trick

Link 1

```
| C♯m7 Amaj7 | B     B/A | G♯m7          | Amaj7              |

| F♯   F♯/A♯ | B     B/A | G♯7          | F♯m9♭5  G♯7  ‖
```


Verse 2

```
(G♯7)    E                        F♯m
    My door was standing open
    B      A/C♯            B       C♯5
Se - curity was laid back and lax
        F♯m
But it was only my heart that got broken
                    D9♯11
You must have had a pass key made out of wax
            E
You played robbery with insolence
                F♯m         B           A/C♯      B/D♯   C♯/E♯
And I played the blues in twelve bars down Lover's Lane
            F♯m
And you never did have the intelligence to use
                D9♯11
The twelve keys hanging off my chain
```


Chorus 2   As Chorus 1

Link 2   As Link 1

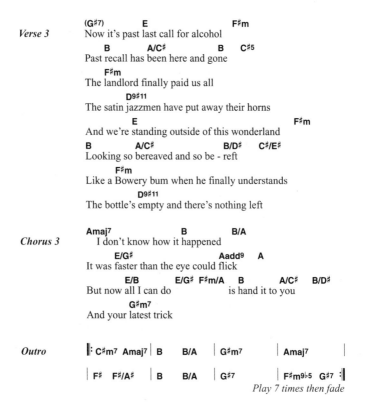

Verse 3

(G#7)   E   F#m
Now it's past last call for alcohol

     B   A/C#   B   C#5
Past recall has been here and gone

     F#m
The landlord finally paid us all

        D9#11
The satin jazzmen have put away their horns

       E   F#m
And we're standing outside of this wonderland

B   A/C#   B/D#   C#/E#
Looking so bereaved and so be - reft

       F#m
Like a Bowery bum when he finally understands

        D9#11
The bottle's empty and there's nothing left

Chorus 3

Amaj7   B   B/A
   I don't know how it happened

      E/G#   Aadd9   A
It was faster than the eye could flick

        E/B   E/G# F#m/A B   A/C#   B/D#
But now all I can do   is hand it to you

        G#m7
And your latest trick

Outro

‖: C#m7 Amaj7 | B   B/A | G#m7 | Amaj7 |

| F# F#/A# | B   B/A | G#7 | F#m9♭5 G#7 :‖

Play 7 times then fade

150

MARK KNOPFLER

ALL THE ROADRUNNING

WORDS & MUSIC BY MARK KNOPFLER

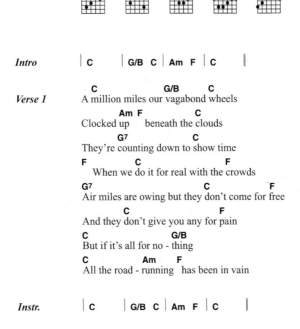

Intro | C | G/B C | Am F | C ‖

Verse 1

        C   G/B   C
A million miles our vagabond wheels

        Am F   C
Clocked up   beneath the clouds

        G7   C
They're counting down to show time

F   C   F
  When we do it for real with the crowds

G7   C   F
Air miles are owing but they don't come for free

          C   F
And they don't give you any for pain

C   G/B
But if it's all for no - thing

C   Am   F
All the road - running has been in vain

Instr. | C | G/B C | Am F | C ‖

C   G/B   C
The rim shots come down like cannon fire

      Am   F   C
And thunder   off the wall

          G7   C
There's a man in every corner

F   C   F
  And each one is giving his all

     G7   C   F
But this is my piper this is my drum

C   F
So you never will hear me com - plain

C   G/B
And if it's all for nothing

C   Am   F
All the road - running   has been in vain

F   G
All the road - running

F   C
All the road - running

      C   G/B   C
Well if you're inclined to go up on the wall

        Am   F   C
It can only be   fast and high

          G7   C   F
And those who don't like the danger soon

     C   F
Find something different to try

     G7   C   F
And when there is only a ring in your ears

      C   F
And an echo down memory lane

C   G/B
Then if it's all for nothing

C   Am   F
All the road - running   has been in vain

Chorus 2

F   G
All the road - running

F   C
All the road - running

F   G
All the road - running

F   C
All the road - running

Verse 4

     C   G/B   C
The show's packing up, I   sit and   watch

     Am   F   C
The carnival   leaving town

    G7   C   F
And there's no pretending that I'm not a fool

     C   F
For riding around and a - round

       G7   C   F
Like the pictures you keep of your old wall of death

     C   F
You showed me one time on a plane

C   G/B
But if it's all for nothing

C   Am   F   C
All the road running   has been in vain

Instr.

| C | G/B C | Am F | C   ‖

Verse 5

      C   G/B   C
I've a million miles of vagabond sky

       Am F   C
Clocked up   above the clouds

      G7   C
And I'm still your man for the roaming

F   C   F
   For as long as there's roaming al - lowed

G7   C   F
There'll be a rider and there'll be a wall

    C   F
As long as the dreamer re - mains

C   G/B
And if it's all for nothing

C   Am   F   C
All the road - running   has been in vain

Chorus 3

F   G
All the road - running

F   C
All the road - running

F   G
All the road - running

F   C
All the road - running

F   G
All the road - running

F   C
All the road - running

F   G
All the road - running

F   (C)
All the road - running

Outro | C | G/B C | Am F | C   ‖

BOOM, LIKE THAT

WORDS & MUSIC BY MARK KNOPFLER

Em   **G%**   **Asus²**   **C%**   **C**   **C5**   **D5**   **Em***

Capo third fret

Intro   ‖: Em G% │ Asus² C% │ Em G% │ C   :‖

                        Em
Verse 1   I'm going to San Bernadino

            G%   **Asus² C%**
Ring-a-ding-ding

Em
Milkshake mixers

G%   **C**
That's my thing, now

Em
These guys bought

     G%   **Asus² C%**
A heap of my stuff

         Em
And I gotta see a good thing

G%   **C**
Sure enough, now

         Em
Chorus 1   Or my name's not Kroc

         G%   **Asus² C%**
That's Kroc with a 'K'

       Em
Like 'crocodile'

     G%   **C**
But not spelled that way, yeah

    Em
It's dog eat dog

G%   **Asus² C%**
Rat eat rat

Em
Kroc-style

Boom, like that

Verse 2

Em
The folks line up

    G%   **Asus2** **C%**
All down the street

       Em
And I'm seeing this girl

    G%   **C**
De - vour her meat, now

      Em
And then I get it, wham

    G%   **Asus2** **C%**
As clear as day

    Em
My pulse begins to hammer

     G%   **C**
And I hear a voice say:

Bridge 1

Em
  These boys have

Got this down

C5
Oughtta be a one of these

  D5
In every town

Em
These boys have

Got the touch

  C5
It's clean as a whistle

   D5
And it don't cost much

Em
Wham, bam

You don't wait long

C5
Shake, fries

D5
Patty, you're gone

Em
  And how about that

Friendly name?

   C5
Heck, every little thing

D5
Oughtta stay the same

157

Chorus 2

      Em
Or my name's not Kroc

    G%   **Asus² C%**
That's Kroc with a 'K'

     Em
Like 'crocodile'

       G%   **C**
But not spelled that way now

     Em
It's dog eat dog

G%   **Asus² C%**
Rat eat rat

Em
Dog eat dog

G%   **C**
Rat eat rat now

     Em
Oh it's dog eat dog

G%   **Asus² C%**
Rat eat rat

Em
  Kroc-style

Boom, like that

Instr. 1   ‖: **Em G%** | **Asus² C%** | **Em** | **C**   :‖

Verse 3

    Em
You gentlemen

      G% Asus² C%
Ought to ex - pand

Em
You're going to need

 G%   **C**
A helping hand now

   Em
So, gentlemen

   G%   **Asus² C%**
Well, what about me?

   Em
We'll make a little

   G%   **C**
Business history, now

158

Chorus 3

Em
Or my name's not Kroc

G%   **Asus2** **C%**
Call me Ray

     Em
Like 'crocodile'

       G%   **C**
But not spelled that way, now

      Em
It's dog eat dog

G%   **Asus2**   **C%**
Rat eat rat

Em
  Kroc-style

Boom, like that

Instr. 2   ‖: **Em** **G%** | **Asus2** **C%** | **Em** **G%** | **C**   :‖

Verse 4

      Em
Well we build it up

      G%   **Asus2** **C%**
And I buy 'em out

Em
But man they made me

G%   **C**
Grind it out now

      Em
They open up a new place

G%   **Asus2** **C%**
Flipping meat

    Em
So I do too

      G%   **C**
Right a - cross the street

Bridge 2

Em
I got the name

I need the town
    C5
They sell up in the end
    D5
And it all shuts down
Em
Sometimes you gotta

Be an S.O.B.
    C5
You wanna make a dream
    D5
Real - ity
Em
  Competition?

Send 'em south
    C5
If they're gonna drown
    D5
Put a hose in their mouth
Em
Do not pass 'Go'

Go straight to hell
C5
  I smell that
D5
Meat hook smell

Chorus 4   As Chorus 2

Outro   ‖: **Em G%** | **Asus2 C%** | **Em G%** | **C** :‖ *Repeat to fade*

160

CANNIBALS

Words & Music by Mark Knopfler

E · A · B · C♯m (fr4)

Intro
‖: E | E | E | A |
| E | E C♯m | B | E :‖

Verse 1

          E
Well he's daddy's little boy he plays with his toys
                A
He holds on to his daddy's hand
B
His daddy says sonny you're a big strong boy
                E
You're gonna be a big strong man

And they go play catch they go play ball
                A
They go take a walk along the sand
B
Big strong daddy and a big strong boy
            E
Living in a big strong land

Chorus 1

E
Daddy is he a goodie or a baddie
          A
Daddy can I have a dinosaur
E
Once upon a time there were cannibals
  C♯m   **B**   **E**
Now   there are no cannibals any more

Instr. 1 ‖ E | E | E | A |

‖ E | E C♯m | B | E   ‖

Verse 2
      E
Way down in Louisiana there's a hurricane coming

      A
The little boy climbs the stairs

    B
And all along the levee all the people come running

        E
And the little boy's saying his prayers

And the sleepy little laddie smiles up at his daddy

        A
And he's asking for his G.I. Joe

    B
And daddy tucks him in with a kiss upon the chin

         E
And says my little one I love you so

Chorus 2
    E
Daddy is he a goodie or a baddie

       A
Leave a light outside the door
    E
Once upon a time there were cannibals

    C♯m   B   E
Now   there are no cannibals any more

Instr. 2 ‖ E | E | E | A |

‖ E | E C♯m | B | E   ‖

162

Verse 3

E
Lay down your head now don't get out of bed

A
Don't you let the bed bugs bite

B
It's time to go to sleep now not another peep

E
And I'll see you in the morning light

And then the radio was playing and the weatherman was saying

A
The hurricane had blown a - way

B
And daddy's little boy was jumping up for joy

E
And he was singing at the break of day

Chorus 3

E
Daddy is he a goodie or a baddie

A
Daddy can I be a war - rior

E
Once upon a time there were cannibals

C♯m   B   E
Now   there are no cannibals any more

Yeah daddy is he a goodie or a baddie

A
Daddy why do people go to war

E
Once upon a time there were cannibals

C♯m   B   E
Now   there are no cannibals any more

Outro

‖: E	E	E	A	
E	E C♯m	B	E	:‖
B	E	B	E	‖

163

DARLING PRETTY

WORDS & MUSIC BY MARK KNOPFLER

A   D/A   D   Dmaj7   E

A/C#   Bm7   C#m   F#m   D6

Intro

| A | D | D | A |

| A | D | Dmaj7 | E |

| A/C# | D | Bm7 | C#m |

| F#m | C#m | Bm7 | A |

| A D/A | D/A A | A D/A | D/A A ‖

Verse 1

    A   D/A   A
It's time to come away, my darl - ing pretty
D/A   D   E
   It's time to come away   on the chang - ing tide
A   D   D6   C#m
   Time to come away,   darling   pretty
F#m   C#m   D   A
   And I need you darling by my side

Verse 2

    A   D/A   A
   Heal me with a smile, darling pretty
       D/A   D   E
Heal me with a smile   and a heart of gold
A   D/A   D6   C#m
   Carry me a while,   my darl - ing pretty
F#m   C#m   D   A
   Heal my aching heart and soul

Instr. 1 | A D/A | D/A A | A D/A | D E |

| A/C♯ D | D6 C♯m | F♯m C♯m | Bm7 A ‖

Bridge
E   A   D/A
Just like a cast - away
Bm7   A   Bm7   E
Lost upon an endless sea
              A   D/A
I saw you far away
Bm7   A   E
Come to rescue me

Verse 3
A   D/A   A
Cast a - way the chains, darling pret - ty
              D/A   D   E
Cast away the chains   away be - hind
A   D/A   D6   C♯m
Take a - way my pain,   my darl - ing pretty
F♯m   C♯m   D   A
And the chains that once were yours and mine

Instr. 2 | A D/A | D/A A | A D/A | D E |

| A D/A | D6 C♯m | F♯m C♯m | D A ‖

Verse 4
A   D/A   A
There will come a day, darling pretty
              D/A   D   E
There will come a day when our hearts can fly
A   D/A   D6   C♯m
Love will find a way, my darling pretty
F♯m   C♯m   D   A
Find a heaven for you and I
              D/A   D6   C♯m
Love will find a way, my darling pretty
F♯m   C♯m   D   A
Find a heaven for you and I

Outro ‖: A D/A | D/A A | A D/A | D E |

| A/C♯ D | D6 C♯m | F♯m C♯m | Bm7 A :‖   *Repeat to fade*

165

GOING HOME
(THEME FROM 'LOCAL HERO')

Music by Mark Knopfler

Freetime, slowly

Intro

| 𝄆 C | D | C | D 𝄇 |
| D | D | D | D |

A tempo

Part 1

D Dadd9	D	D	D Em/D
F♯m/A F♯m9/A	F♯m/A	F♯m/A	F♯m/A
G/B Gmaj7/B	G/B	G/B	G/B
D Dadd9	D	A13	A13
N.C.	G/B Gmaj7/B	G/B	D Dadd9
D	A13	A13	
G♯m7♭5 G♯m11	G♯m7♭5	Gmaj7 Gmaj7♯11 Gmaj7
Bm Bsus2	Bm	Bm Bsus2	Bsus2 Bm

Part 2

| 𝄆 D | D | G♯m7♭5 | G♯m7♭5 |
| Gmaj7 | Gmaj7 | D/F♯ | Bm 𝄇 |

cont.

D	D	G#m♭5	G#m♭5
Gmaj7	Gmaj7	Bm	Bm ‖

Part 3

D	D	D	Bm D/F#
G	D	D	D
D/F# G	A	A	A
A/G	D/F#	G	G
Em	G A	D	D
D	Bm D/F#	G	D
D	D	D/F# G	A
A	A	A/G	D/F#
G	A	D	D ‖

Part 4

Bm	Bm/A	G	D/F#
Em	D/F#	G E/G#	A B♭dim7
Bm	Bm/A	G	D/F#
Em	D/F#	G	Asus4
Asus4	A	A	‖

Part 5

D	D	D	Bm D/F#
G	D	D	D
D/F# G	A	A	A
A/G	D/F#	G	Asus4
Asus4	G	G	G D/F# *slow down*
Em Asus4	D	‖	

THE FISH AND THE BIRD

WORDS & MUSIC BY MARK KNOPFLER

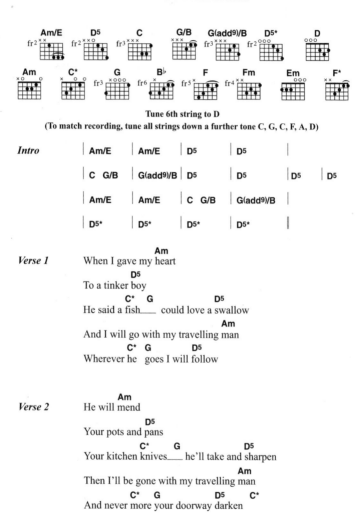

Tune 6th string to D
(To match recording, tune all strings down a further tone C, G, C, F, A, D)

Intro

Am/E	Am/E	D5	D5	
C G/B	G(add9)/B D5	D5	D5	D5
Am/E	Am/E	C G/B	G(add9)/B
D5*	D5*	D5*	D5*

Verse 1

                  Am
When I gave my heart
   D5
To a tinker boy
         C* G   **D5**
He said a fish___ could love a swallow
                         Am
And I will go with my travelling man
        C* G   **D5**
Wherever he   goes I will follow

Verse 2

        Am
He will mend
          D5
Your pots and pans
             C*   **G**   **D5**
Your kitchen knives___ he'll take and sharpen
                     Am
Then I'll be gone with my travelling man
        C*   **G**   **D5**   **C***
And never more your doorway darken

Instr. 1

G	G B♭	F	F Fm
C*	C* Em	D	D C*
G	G B♭	F	F Fm
C*	C*	Em	Em
D5	D5	D5	D5
D5	D5	D5	‖

Verse 3

            Am
The fish and the bird

      D5
Who fall in love

          C*   **G**   **D5**
Will find no place___ to build a home in

                     Am
The fish and the bird who fall in love

       C*   **G**   **D5**
Are bound for - ever to go roaming

       C*   **G**   **D5**   **C**
Are bound or - ever to go roaming

Outro Instr.

G	G B♭	F	F Fm
C*	C* Em	D	D C*
G	G B♭	F	F Fm
C5*	C5*	Em	Em
D5	D5	D5	D5
D5	D5	D5	D5* ‖

169

HILL FARMER'S BLUES

WORDS & MUSIC BY MARK KNOPFLER

Capo seventh fret

Intro

‖: F | F Fsus2 | G | G Em7 :‖

| F | F Fsus2 | G | G Am |

| F | F Fsus2 | G | G ‖

| Am | Am | Am | Am ‖

Verse 1

     Am   **C/G**
I'm going in to Tow Law
           F   **Fsus2**
For what I need
C   **G**
   Chain for the ripsaw
         Am
Killer for the weed

                 C/G
The dog's at the back door
F   **Fsus2**
Leave him be
C   **G**
   Don't feed him Jack
         Am
And don't wait up for me

Verse 2

     Am   **C/G**
I'm going in to Tow Law
          F   **Fsus2**
To fuel my fire
C   **G**
   Shells for the twelve
      Am
And razor wire

cont.
                                                    C/G
The dog's at the back door
                    F   Fsus2
Leave him be
C   G
   Don't do Jack

                        Am
And don't wait up for me

            F   G
Chorus 1 So bad, so bad

            G/B F   G   Am
            So   bad, so bad

                Am   **C/G**
Verse 3   I'm going in to Tow Law
                        F   Fsus2
            To have my fun
            C   G
               Don't get me wrong
                Am
            You were the only one
                            C/G
            Behind my back, Lord
                            F   Fsus2
               You made a fool of me
            C
               Don't do Jack
                G   Am
            And don't wait up for me

            F   G
Chorus 2 So   bad, so bad
            G/B F   G
            So   bad, so bad
            G/B F   G
            So   bad, so bad
            G/B F   G
            So   bad, so bad

Outro   ‖: **F** | **F** | **G** | **G**   :‖ *Repeat to fade*

171

GET LUCKY

WORDS & MUSIC BY MARK KNOPFLER

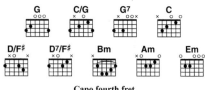

Capo fourth fret

Intro ‖: G | C/G | C/G | C/G :‖ *Play 4 times*

Verse 1
      G
I'm better with my muscles

Than I am with my mouth
                        C/G
I'll work the fairgrounds in the summer
          G
Or go pick fruit down south

And when I feel them chilly winds

Where the weather goes I'll follow
G7   **C**
Pack up my travelling things
       G
Go with the swallows

Chorus 1
                 D/F♯   **D7/F♯** **G**
And I might get lucky now and then – you win some

    G/C   **Am**   **C**
I might get lucky now and then – you win some

Instr. 1

‖: C/G | C/G | C/G | G :‖

| C/G | C/G | C/G | G |

| C/G | C/G | C/G ‖

Verse 2

G
I wake up every morning

Keep an eye on what I spent

C/G
Got to think about eating

G
Got to think about paying the rent

I always think it's funny –

Gets me every time

G7   C
The one about happiness and money –

G
Tell it to the bread line

Chorus 2

D/F♯   D7/F♯   G
But you might get lucky now and then – you win some

Am   C   G
You might get lucky now and then – you win some

| C/G | G | G ‖

Instr. 2

G	G	G	G
G	C/G	C/G	G
G	G	G	G
G	G⁷	C	C
G	G	D/F♯	D/F♯
D/F♯	D⁷/F♯ ‖

| G | C/G | Am | Am |
| C | C | G | C/G |
| G | G ‖

Bridge

Bm
Now I'm rambling through this meadow
Em
Happy as a man can be
C   G
　Think I'll just lay me down
D/F♯   D⁷/F♯
　Under this old tree

Verse 3

G
　On and on we go

Though this old world a' shuffling
G⁷   C
　If you've got a truffle dog
　　　　　G
You can go truffling

Chorus 3

　　　　　　　　D/F♯　　　　　　　D⁷/F♯　G
And you might get lucky now and then – you win some
　　　　　　　Am　　　　　C　　　G
You might get lucky now and then – you win some

Outro

‖: G | C/G | C/G | C/G :‖ *Play 7 times*
⌢
| G ‖

174

LET IT ALL GO

Words & Music by Mark Knopfler

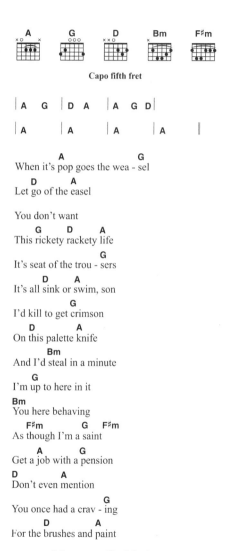

Capo fifth fret

Intro

| A   G | D   A | A   G   D |
| A | A | A | A   ‖

Verse 1

       A   **G**
When it's pop goes the wea - sel

    D   **A**
Let go of the easel

You don't want

    G   **D**   **A**
This rickety rackety life

          G
It's seat of the trou - sers

     D   **A**
It's all sink or swim, son

       G
I'd kill to get crimson

    D   **A**
On this palette knife

      Bm
And I'd steal in a minute

  G
I'm up to here in it

Bm
You here behaving

   F♯m   **G** **F♯m**
As though I'm a saint

    A   **G**
Get a job with a pension

D   **A**
Don't even mention

          G
You once had a crav - ing

    D   **A**
For the brushes and paint

Chorus 1

    A   G   Bm
So go, for - get it, let it all go

       A
Let it all go

D   A   G
  Go, for - get it, let it all go

A   G   Bm
  Go, for - get it, let it all go

       A
Let it all go

D   A   G
  Go, for - get it, let it all go

      F#m
Let it all go

Instr. 1

| A | G | D | A | A | G | D |

| A | A | A | A |

Verse 2

    A   G
A hack writer judges

     D   A
My swipes and my smudges

          G
He doesn't like pictures

     D   A
With blotches and blots

          G
The drawing room tea set

     D   A
Wants horses, sunsets

    G
Sweet nothings –

     D   A
The seaside with yachts

cont.

Bm
Here's the end of the 'thirties
G
No time for arties
Bm
Over in Poland
  F♯m   **G** **F♯m**
A right old to - do
   A   **G**
So go join the navy
     D   **A**
The air force or the army
              G
They'll all be en - rolling
     D   **A**
Young fellows like you

    A   **G**   **Bm**

Chorus 2   So go, for - get it, let it all go
         A
Let it all go
D   **A**   **G**
  Go, for - get it, let it all go
A   **G**   **Bm**
  Go, for - get it, let it all go
       A
Let it all go
D   **A**   **G**
  Go, for - get it, let it all go
      F♯m
Let it all go

Instr. 2   ‖ **A**   **G** | **D** **A** | **A** **G** **D** |

        | **A** | **A** | **A** | **A**   ‖

     A   G   D
These are not my de - cisions

     A
Flaming visions

        G
Ringing ex - pressions

     D   A
The clamouring voice

          G
It's volcanic de - sire

       D   A
The un - quenchable fire

        G
It isn't a question

     D   A
Of having the choice

        G
Any - way, now I'm old

       G
But if you won't be told

 Bm
You've been created

  F♯m   G   F♯m
To answer the call

    A   G
All passion and lust

        D   A
Is going to end in the dust

But you'll hang on some
G   D   A
Government gallery wall

Chorus 3

           A   **G**   **Bm**
You must go, for - get it, let it all go

      A
Let it all go

D   **A**   **G**
  Go, for - get it, let it all go

A   **G**
  Go, for - get it

Bm   **A**
  Let it all go, let it all go

D   **A**   **G**
  Go, for - get it, let it all go

        F♯m
Let it all go

Outro | **A**   **G** | **D** **A** | **A** **G** **D**|

             | **A** | **A** | **A** | **A** |

             | **A** | **A** | **A** | **A** ‖

MONTELEONE

Words & Music by Mark Knopfler

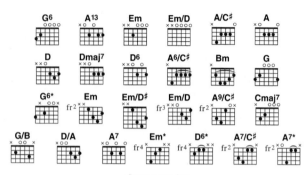

Capo second fret

Intro	G6	A13	G6	A13	
	Em	Em/D	A/C♯	A	
	‖: D	Dmaj7	D6	Dmaj7 :‖	

Verse 1

D   Dmaj7 D6 Dmaj7
The chisels are calling

D   Dmaj7 D6 Dmaj7
It's time to make sawdust

D A6/C♯ Bm
Steely re - minders of things left to do

G   G6*   D Dmaj7 D6 Dmaj7
Monteleone, a mandolin's waiting for you

Verse 2

```
        D               Dmaj7   D6  Dmaj7
My finger planes working
D               Dmaj7   D6  Dmaj7
Gentle per - suasion
   D            A6/C#       Bm
I bend to the wood and I coax it to sing
G               G6*                        D     Dmaj7  D6  Dmaj7
Monteleone, your new one and only will ring
G               G6*                        D     Dmaj7  D6  Dmaj7
Monteleone, your new one and only will ring
```

Bridge

```
        Em*       Em/D#      Em/D       A9/C#
The rain on the window, the snow on the gravel
        Em*       Em/D#.  A9/C#       Cmaj7
The seasons go by to the songs in the wood
   D          A/C#        G/B           D/A
Too quick or too careless, it all could un - ravel
   D          A/C#     A   Bm
It so easily could
```

Instr.

```
‖: G6    | G6      | A7      | A7      :‖

 | Em     | D6      | A7/C#   | A7      ‖

‖: D      | Dmaj7   | D6      | Dmaj7   :‖
```

Verse 3

```
        D               Dmaj7   D6  Dmaj7
The chisels are calling
        D               Dmaj7   D6  Dmaj7
It's back for an encore
   D            A6/C#       Bm
Back to the shavings that cover the floor
G               G6*                D     Dmaj7  D6  Dmaj7
Monteleone,   they're calling for more
G               G6*                D     Dmaj7  D6  Dmaj7
Monteleone,   they're calling for more
```

Outro

```
‖: G6    | G6      | A7      | A7      :‖

 | Em*    | D6*     | A7/C#   | A7*     ‖

‖: D      | Dmaj7   | D6      | Dmaj7   :‖

 | D/A    ‖
```

OUR SHANGRI-LA

WORDS & MUSIC BY MARK KNOPFLER

E5   A5/E   E   F♯m   A   B   G♯m   F♯

Intro | E5 | E5/A || E | F♯m | A | E |

Verse 1
         E
It's the end of a perfect day
    F♯m
For surfer boys and girls
    A
The sun's dropping down in the bay
    E   **B**
And falling off the world
    E
There's a diamond in the sky
    F♯m
Our evening star
    A   **E** **B**
In our Shangri - La

Verse 2
      E
Get that fire burning strong
F♯m
Right here and right now
   A
It's here and then it's gone
    E   **B**
There's no secret, any - how
   E
We may never love again
   F♯m
To the music of guitars
  A   **E**
In our Shangri - La

Chorus 1

A
Tonight your beauty burns

G#m   F#
  Into my memory

F#m
  The wheel of heaven turns

A
  Above us endlessly

      E
This is all the heaven we've got

F#m
Right here where we are

A   E   B
In our Shangri - La

Instr.

| E | E | F#m | F#m |

| A | A | E | B |

| E | E | F#m | F#m |

| A | A | E | E ‖

Chorus 2

A
Tonight your beauty burns

G#m   F#
  Into my memory

F#m
  The wheel of heaven turns

A
  Above us endlessly

      E
This is all the heaven we've got

F#m
Right here where we are

  A   E
In our Shangri - La

  A   E
In our Shangri - La

  A   E
In our Shangri - La

Instr. ‖: A | A | E | E :‖ *Repeat to fade*

PRAIRIE WEDDING

Words & Music by Mark Knopfler

Fsus2 B♭sus2 Csus2 E♭5 F5 F

Intro | Fsus2 | B♭sus2 | Csus2 | Csus2 |

Verse 1

Csus2   B♭sus2
We only knew each other by letter
                          Csus2
I went to meet her off the train
                                          B♭sus2
When the smoke had cleared and the dust was still
                              Csus2
She was standing there and speaking my name
                              B♭sus2
I guarantee she looked like an angel
                              Csus2
I couldn't think of what I should say
                              B♭sus2
But when Adam saw Eve in the garden
                          Csus2
I believe he felt the selfsame way

Instr. As Intro

Verse 2

Csus2   B♭sus2
I handed her up on the wagon
                          Csus2
And I loaded up her trunk behind
                              B♭sus2
She was sitting up there with the gold in her hair
                          Csus2
And I tried to get a hold of my mind

Chorus 1

    Fsus2   **Csus2**
Do you think that you could love me Mary
    Fsus2   **E♭5**   **F**
Do you think we got a chance of a life
    Fsus2   **B♭sus2**
Do you think that you could love me Mary
         F   **Csus2**
Now you are to be my wife

Intro

As Intro

Verse 3

    Csus2   **B♭sus2**
We finally headed out of the station
                 Csus2
And we drove up the home trail
                     B♭sus2
And when we came to the farm she laid a hand on my arm
             Csus2
I thought my resolution would fail
            B♭sus2
And I froze as she stepped in the doorway
           Csus2
Stood there as still as could be
              B♭sus2
I said I know it ain't much, it needs a woman's touch
              Csus2
Lord she turned around and looked at me

Chorus 2

As Chorus 1

Instr.

Csus2	B♭sus2	B♭sus2	Csus2	
Csus2	B♭sus2	B♭sus2	Csus2	
Fsus2	Csus2	Fsus2 E♭5	F5	
Csus2	B♭sus2	B♭sus2 F	Csus2	Csus2	

Verse 4

   Csus²   **B♭sus²**
   We had a prairie wedding

                            Csus²
   There was a preacher and a neighbour or two

                 B♭sus²
   I gave my golden thing a gold wedding ring

                Csus²
   And the both of us said I do

                      B♭sus²
   And when the sun's going down on the prairie

                Csus²
   And the gold in her hair is aflame

                   B♭sus²
   I say do you really love me Mary

                    Csus²
   And I hold her and I whisper her name

Chorus 3   As Chorus 1

Outro | **Fsus²** | **B♭sus²** | **Csus²**   ‖

SAILING TO PHILADELPHIA

WORDS & MUSIC BY MARK KNOPFLER

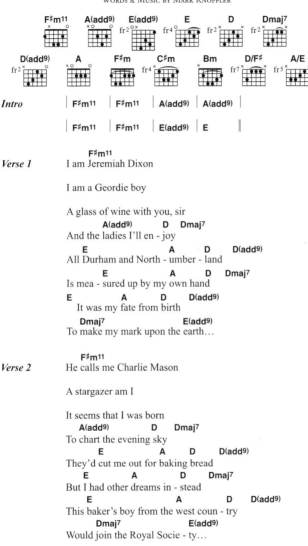

Intro | F#m11 | F#m11 | A(add9) | A(add9) |

| F#m11 | F#m11 | E(add9) | E |

Verse 1

F#m11
I am Jeremiah Dixon

I am a Geordie boy

A glass of wine with you, sir
     A(add9)   D   Dmaj7
And the ladies I'll en - joy
 E   A   D   D(add9)
All Durham and North - umber - land
     E   A   D   Dmaj7
Is mea - sured up by my own hand
E   A   D   D(add9)
  It was my fate from birth
 Dmaj7   E(add9)
To make my mark upon the earth…

Verse 2

F#m11
He calls me Charlie Mason

A stargazer am I

It seems that I was born
  A(add9)   D   Dmaj7
To chart the evening sky
    E   A   D   D(add9)
They'd cut me out for baking bread
    E   A   D   Dmaj7
But I had other dreams in - stead
    E   A   D   D(add9)
This baker's boy from the west coun - try
    Dmaj7   E(add9)
Would join the Royal Socie - ty…

Chorus 1

```
        A        E         F#m      D
We are sailing    to P ila - delphia
A              C#m              Bm    E
   A world a - way from the coaly Tyne
C#m                 F#m     D
Sailing to Phila - delphia
F#m              E
   To draw the line
        D        E        A
The Mason - Dixon line
```

Instr.

```
| F#m11   | F#m11   | A(add9)  | A(add9)  |

| F#m11   | F#m11   | E(add9)  | E        ‖
```

Verse 3

```
              F#m11
Now you're a good surveyor, Dixon

But I swear you'll make me mad

The West will kill us both
    A(add9)        D    Dmaj7
You gullible Geordie lad
E              A    D    D(add9)
   You talk of liber - ty
      E          A    D    Dmaj7
How can Ameri - ca be free
      E          A    D    D(add9)
A Geordie and a baker's boy
      Dmaj7              E(add9)
In the forests of the Iro - quois…
```

Verse 4

```
          F#m11
Now hold your head up, Mason

See America lies there

The morning tide has raised
    A(add9)        D    Dmaj7
The capes of Dela - ware
E              A    D    D(add9)
   Come up and feel the sun
E              A    D    Dmaj7
   A new morning is be - gun
        E          A    D    D(add9)
An - other day will make it clear
Dmaj7                  E(add9)
Why your stars should guide us here…
```

188

Chorus 2

       A   **E**   **F#m**   **D**
We are sailing   to Phila - delphia

A   **C#m**   **Bm**   **E**
  A world a - way from the coaly Tyne

C#m   **F#m**   **D**
Sailing   to Phila - delphia

F#m   **E**
  To draw the line

   D   **E/G#**   **D/F#**
The Mason - Dixon line

   D   **E**   **A(add9)**
The Mason - Dixon line

Outro

‖: **F#m11** | **F#m11** | **A(add9)** | **A(add9)** |

| **F#m11** | **F#m11** | **E(add9)** | **E(add9)** :‖   *Repeat 10 times to fade*

SO FAR FROM THE CLYDE

Words & Music by Mark Knopfler

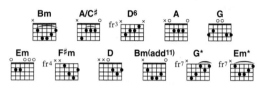

Tune guitar down one semitone

Intro

Bm	A/C♯	D6	A
G	G	Em	A
Bm	A/C♯	D6	A
G	G	Bm	Bm ‖

Verse 1

Bm
They had a last supper

A   **Bm**
The day of the beaching

         D
She's a dead ship sailing

  F♯m
– Skeleton crew

G
The galley is empty

D   **Bm**   **G**
The stove pots are cooling

         Bm Bm(add11) Bm Bm(add11)
With what's left of a stew

Verse 2

Bm
Her time is approaching

A   **Bm**
The captain moves over

           D
The hangman steps in

   F♯m
To do what he's paid for

   G
With the wind and the tide

      D   **Bm**
She goes proud ahead steaming

               Bm   **Bm(add11)**   **Bm**   **Bm(add11)**
And he drives her hard into the shore

Chorus 1

D **F♯m**   **G***
So far from the Clyde

          Em*
Together we'd ride

      G*
We did ride

Instr. 1

| **Bm** | **Bm** | **Bm** | **Bm** | **Bm** ‖

Verse 3

   Bm
As if to a wave

       A   **Bm**
From her bows to her rudder

        D
Bravely she ri - ses

    F♯m
To meet   with the land

   G
Un - der their feet

       D   **Bm**
They all feel her keel shud - der

G   **Bm** **Bm(add11)**   **Bm** **Bm(add11)**
A shallow sea washes their hands

Instr. 2

| **Bm** | **A/C♯** | **D6** | **A** |

| **G** | **G** | **Bm** **Bm(add11)** | **Bm** **Bm(add11)** ‖

191

Verse 4

Bm
Later the captain
        A   Bm
Shakes hands with the hangman
                       D
And climbs slowly down
     F#m
To the oily wet ground
    G
Goes bowed to the car
         D   Bm
That has come here to take him
                 G   Bm Bm(add11) Bm Bm(add11)
Through the graveyard and back to the town

Chorus 2

D F#m   G*
So far from the Clyde
               Em*
Together we'd ride
      G* Bm
We did ride

Verse 5

     Bm
They pull out her cables
    A   Bm
And hack off her hatches
              D
Too poor to be waste - ful
   F#m
With pity or time
   G
They swarm on her carcass
   D   Bm
With torches and axes
    G   Bm Bm(add11) Bm Bm(add11)
Like a whale on the bloody shore - line

Verse 6

Bm
Stripped of her pillars

    A   **Bm**
Her stays and her stanchions

                 D
When there's only her bones

     F♯m
On the wet, poisoned land

G
Steel ropes will drag her

     D   **Bm**
With winches and engines

         G   **Bm**   **Bm(add11)** **Bm** **Bm(add11)**
'Til there's only a stain on the sand

Chorus 3

D **F♯m**   **G***
So far from the Clyde

             Em*
Together we'd ride

       G*   **D/F♯** **Em**
We did ride

D **F♯m**   **G***
So far from the Clyde

             Em*
Together we'd ride

       G*
We did ride

Outro

Bm	A/C♯	D6	A	
G	G	Em*	A	
Bm	A/C♯	D6	A	
G	G	Bm	Bm	

193

SPEEDWAY AT NAZARETH

Words & Music by Mark Knopfler

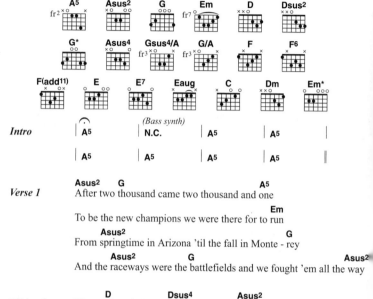

Intro

⌢ A5	*(Bass synth)* N.C.	A5	A5	
A5	A5	A5	A5	‖

Verse 1

Asus2   G   A5
After two thousand came two thousand and one

                                   Em
To be the new champions we were there for to run

        Asus2   G
From springtime in Arizona 'til the fall in Monte - rey

        Asus2   G   Asus2
And the raceways were the battlefields and we fought 'em all the way

Bridge 1

        D   Dsus4   Asus2
Was at Phoenix in the morning I had a wake-up call

                       G   Em
She went around without a warning put me in the wall

       Asus2   G*
I drove Long Beach, California with three cracked verte - brae

        Asus2   G   (Asus2)
And we went on to Indian - apolis, Indiana in May

Instr. 1 | **Asus²** **Asus⁴**| **Gsus⁴/A** **G/A**| **F** |

| **F**   **G** | **Asus²** | **Asus²** | **A⁵** ‖

Verse 2

       Asus²   **G**   **Asus²**
Well the Brickyard's there to crucify anyone who will not learn

                          G   **Em**
I climbed a mountain to qualify I went flat through the turns

       Asus²   **G**
But I was down in the might-have-beens and an old pal good as died

       Asus² **G**   **Asus²** **G**
And I sat down in Gasoline Alley and I cried

Instr. 2 | **Asus²** | **Asus²** | **G**   **Em** | **Em** **Asus²**| **Asus⁴** |

| **G** | **Asus²** **G** | **G**   **Asus²** | **Asus²** |

| **Asus²** | **Asus²** |

Verse 3

       Asus² **G**   **Asus²**
Well we were in at the kill again on the Milwaukee Mile

                             G   **Em**
And in June up in Michigan we were robbed at Belle Isle

       Asus²   **G**
Then it was on to Portland, Oregon for the G. I. Joe

       Asus²   **G**   **Asus²**
And I'd blown off almost everyone when my motor let go

Bridge 2

       D   **Dsus⁴**   **Asus²**
New England, On - tario we died in the dirt

                          G   **Em**
Those walls from mid-Ohio to To - ronto they   hurt

       Asus²   **G***
So we came to Road America where we burned up at the lake

       Asus²   **G**   **(Asus²)**
But at the speedway in Nazareth I made no mis - take

Outro Instr.	**Asus2**	**D**	**C**	**G/A**	**F**	**F6**	**F** **F(add11)**
	F	**F6**	**F**	**F(add11)**	**E**	**E7**	**Eaug** **E**
	F		**C**	**F**	**Dm**	**G**	
	Em	**F**	**F**	**C**	**C**	**F**	**E** ‖
	‖: **Asus2**	**D**	**C**	**G**	**F**	**F6**	**F** **F(add11)**
	F	**F6**	**F**	**F(add11)**	**E**	**E7**	**Eaug** **E**
	F		**C**	**F**	**Dm**	**G**	**Em** **F**
	F	**C**	**F**	**Dm**	**E**		:‖ *Repeat to fade*

THE TRAWLERMAN'S SONG

WORDS & MUSIC BY MARK KNOPFLER

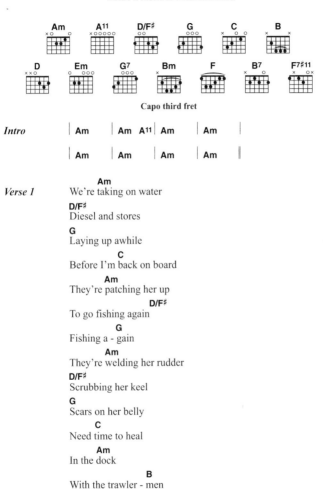

Capo third fret

Intro | Am | Am A¹¹ | Am | Am |

| Am | Am | Am | Am ‖

Verse 1

     Am
We're taking on water

D/F♯
Diesel and stores

G
Laying up awhile

     C
Before I'm back on board

     Am
They're patching her up

        D/F♯
To go fishing again

    G
Fishing a - gain

     Am
They're welding her rudder

D/F♯
Scrubbing her keel

G
Scars on her belly

    C
Need time to heal

    Am
In the dock

        B
With the trawler - men

Verse 2

Am
I know all the people
     D/F♯   **G**
There's nobody new

Soon we'll be leaving
     C
With the same old crew

     Am
On the green water
        D/F♯ G Am
The tumbling sea

They ain't running
     D/F♯
Like the good old days
G
Time's just slipping
     C
Down the old slipways
    Am
In the dock
    B
So dear to me

Chorus 1

Am   **D**
  Dark is the night
G   **Em**
  And I need a guiding light

    G
To keep me
   Em
From foundering
   D   **Am**
On the rocks
    D   **G**
My only prayer
   Em
Is just to see you there
   G
At the end
   D
Of my wandering
     G **G7**
Back in the dock

Bridge

C	Am	D	Bm	
F	F	Em	Em	
B7	F7♯11	Em	Em	

198

Verse 3

Am
I could use a layoff

D/F♯
Getting my strength back

G
But there's a loan to pay off

C
And a few skipjack

Am
So it's a turnaround

D/F♯   **G**   **Am**
Back in the southerly wind, southerly wind

Pirates coming in

D/F♯
To steal our gold

G
You can count yourself lucky

C
With a profit in the hold

Am
In the dock

B
When we come in

Chorus 2   As Chorus 1

G7
  Ah,____

Outro Instr.

C	Am	D	Bm	
F	F	Em	Em	
B7	F7♯11	Em	G7	
‖: C	Am	D	Bm	
F	F	Em	Em	
B7	F7♯11	C	B7	
Em	G7	:‖ *Repeat to fade*		

TRUE LOVE WILL NEVER FADE

Words & Music by Mark Knopfler

C   F   Dm   G   Dsus2   Fmaj7   Am

Intro   ‖: C | F | Dm | G   :‖

Chorus 1
                              C
True love will never fade

    F   Dm
   True love will never fade

G   C
   True love will never fade

    F   Dm
   True love will never fade

G   C
   True love will never fade

Verse 1
                                   F
I wonder if there's no for - ever

                  C
No walking hand in hand

                    Dm   Dsus2
Down a yellow brick road

G   C
   To never-never land

                              F
These days I get to where I'm   going

                    C
Make it there eventual - ly

                    Dm   Dsus2
Follow the trail of breadcrumbs

G   F   Fmaj7
   To where I'm meant to be

G   C
   To where I'm meant to be

Verse 2

                                      F
I don't know what brought you to me

            C
That was up to you

                       Dm   **Dsus2 G**
There's so many come to see me

                   C
Who want their own tat - too

                F
I fixed a needle in the holder

                  C
Laid my hand upon your spine

                Dm   **Dsus2**
And there upon your   shoulder

G   **C**
  I drew the picture as your sign

Pre-chorus 1

                Dm
When I think a - bout us

G   **C**
  I see the picture that we made

Am   **F**
  The picture to re - mind us

G   **F**
  True love will never fade

Chorus 2

G   **C**
  True love will never fade

F   **Dm**
  True love will never fade

G   **C**
  True love will never fade

Instr. 1

| **F** | **F** | **C** | **C** | |
| **Dm** | **G** | **C** | **C** | ‖ |

Verse 3

                             F
I work the rowdies and day - trippers

              C
Now and then I think of you

                     Dm   **Dsus2** **G**
Any which way, we're all shuffling

             C
Forward in the queue

                    F
They'd like to move my ope - ration

                 C
They'd like to get me off the pier

             Dm   **Dsus2**
And I dream I'm on a steamer

G   **C**
  Pulling out of here

Pre-chorus 2   As Pre-chorus 1

Chorus 3

G   **C**
  True love will never fade

F   **Dm**
  True love will never fade

G   **C**
  True love will never fade

F   **Dm**
  True love will never fade

G   **(C)**
  True love will never fade

Outro Instr.   ‖: C | F | Dm | G   :‖   *Play 3 times*

                  | C | F | Dm | G |

                  | C | F | Dm | G   ‖

WHAT IT IS

Words & Music by Mark Knopfler

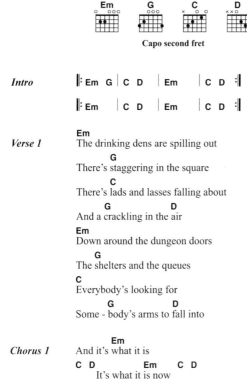

Capo second fret

Intro   ‖: Em G │ C D │ Em │ C D :‖

   ‖: Em │ C D │ Em │ C D :‖

Verse 1

Em
The drinking dens are spilling out
      G
There's staggering in the square
      C
There's lads and lasses falling about
      G   **D**
And a crackling in the air
Em
Down around the dungeon doors
      G
The shelters and the queues
C
Everybody's looking for
      G   **D**
Some - body's arms to fall into

Chorus 1

            Em
And it's what it is
C D   **Em**   **C D**
   It's what it is now

203

Verse 2

Em
There's frost on the graves and the monuments

G
But the taverns are warm in town

C
  People curse the government

G   D
And shovel hot food down

Em
The lights are out in city hall

G
The castle and the keep

C
The moon shines down upon it all

G   D
The legless and asleep

Pre-chorus 1

C
And it's cold on the tollgate

G   C
With the wagons creeping through

Cold on the tollgate

G   D
God knows what I could do with you

Chorus 2   As Chorus 1

Verse 3

Em
The garrison sleeps in the citadel

G
With the ghost and the ancient stones

C
  High on the parapet

G   D
A Scottish piper stands alone

Em
And high on the wind

G
The highland drums begin to roll

C
And something from the past just comes

G   D
And stares into my soul

Pre-chorus 2

        C
And it's cold on the tollgate

        G
With the Caledonian blues

C
Cold on the tollgate

    G   **D**
God knows what I could do with you

Chorus 3

        Em
And it's what it is

C D   **Em**   **C D**
    It's what it is now

Em
What it is

C D   **Em**   **C D**
    It's what it is now

Instr. 1

‖: **Em** | **G** | **C** | **G D** :‖

‖: **Em** | **C D** | **Em** | **C D** :‖

Verse 4

        Em
There's a chink of light, there's a burning wick

     G
There's a lantern in the tower

C
Wee Willie Winkie with a candlestick

    G   **D**
Still writing songs in the wee, wee hours

     Em
On Charlotte Street I take a

     G
Walking stick from my hotel

C
The ghost of Dirty Dick

    G   **D**
Is still in search of Little Nell

Chorus 4

    Em
It's what it is

C D   **Em**   **C D**
    It's what it is now

     Em
Oh, it's what it is

C D   **Em**   **C D**
    It's what it is now, now, now

Outro Instr.

‖: **Em** | **C D** | **Em** | **C D** :‖   *Play 11 times*

| **Em** | **C D** | **Em** | **C D** ‖

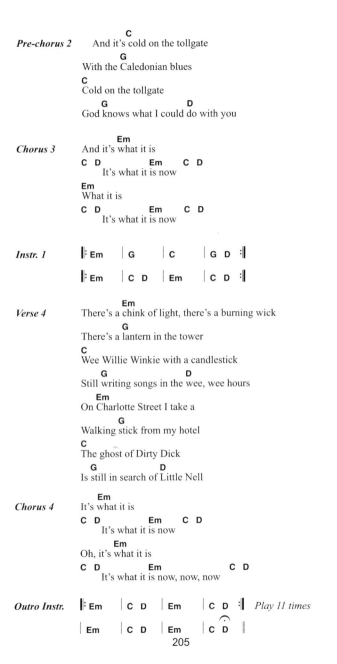

205

WHY AYE MAN

WORDS & MUSIC BY MARK KNOPFLER

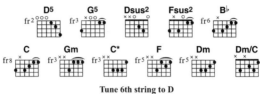

Tune 6th string to D

Intro   D5 ‖: D5 | D5 | D5 | D5 :‖

Verse 1

     D5
We had no way of staying afloat

We had to leave on the ferry boat

Economic refugees

On the run to Germany

     G5
We had the back of Maggie's hand

D5
Times were tough in Geordieland

     N.C.
We got wor tools and working gear

And humped it all from Newcastle to here

| D5 | D5 ‖

Chorus 1

Dsus2   Fsus2   G5
Why aye man, why aye, why aye man

              B♭   C
Why aye man, why aye, why aye man

D5   Fsus2   G5
Why aye man, why aye, why aye man

             C   D5
Why aye man, why aye, why aye man

Instr. 1

| D5 | D5 | D5 | D5 |

| D5 | D5 | D5 ‖

Verse 2

D5
We're the nomad tribes, travelling boys

(why aye, why aye man)

In the dust and dirt and the racket and the noise

(why aye, why aye man)

Drills and hammers, diggers and picks

(why aye, why aye man)

Mixing concrete, laying bricks

(why aye, why aye man)

G5
There's English, Irish, Scots, the lot
D5
United Nations, what we've got
N.C.
Brickies, chippies, every trade

German building, British-made

| D5 | D5 ‖

Chorus 2   As Chorus 1

Instr. 2 | D5 | D5 | D5 | D5 |

| D5 | D5 | D5   ‖

Bridge
Gm   C
Nae more work on Maggie's farm
F   Dm   Dm/C
   Hadaway down the autobahn
Gm   C
Mine's a Portacabin bed
   F   Dm   Dm/C
Or a bunk in a Nissen hut instead

Instr. 3 | Gm | C | F   Dm | Dm Dm/C |

| Gm | C | F   D5 |

Verse 3
              D5
There's plenty Deutschmarks here to earn

And German tarts are wunderschoen

German beer is chemical-free

Germany's alreet with me
              G5
Some - times I'll miss my River Tyne
              D5
But you're my pretty fraulein
              N.C.
To - night we'll drink the old town dry

Keep wor spirit levels high

Chorus 3
Dsus2   Fsus2   G5
Why aye man, why aye, why aye man
                        B♭   C
Why aye man, why aye, why aye man
D5   Fsus2   G5
Why aye man, why aye, why aye man
                     C   D5
Why aye man, why aye, why aye man

Outro   As Instr. 2

3 4 5 6 7 8 9